Die

Pflichten des Waisenrates

nach dem Bürgerlichen Gesetzbuche, dem Reichsgesetze über die Angelegenheiten der freiwilligen Gerichtsbarkeit und dem Fürsorgeerziehungsgesetze Minderjähriger.

Ein praktischer Leitfaden

für

Waisenräte und Verwaltungsbeamte

bearbeitet von

Geheimen Justizrat **F. Baum,**

Amtsgerichtsrat und Vormundschaftsrichter des Amtsgerichts Görlitz.

Neunte, vermehrte und verbesserte Auflage.

Berlin 1912.

J. Guttentag, Verlagsbuchhandlung,

G. m. b. H.

Vorwort zur achten Auflage.

Der Kreis der Pflichten des Gemeindewaisenrates, welcher bereits durch das Bürgerliche Gesetzbuch gegenüber den früheren gesetzlichen Bestimmungen um ein bedeutendes erweitert worden ist, hat durch das am 1. April 1901 in Kraft getretene Fürsorgeerziehungsgesetz vom 2. Juli 1900 abermals eine Erweiterung erfahren.

Zweck der neuen Auflage dieses Leitfadens ist es, die Gemeindewaisenräte mit den sie interessierenden und von ihnen zu beachtenden Vorschriften des Gesetzes und den dazu ergangenen Ausführungsbestimmungen vom 18. Dezember 1900 bekannt zu machen. Verfasser hat die von dem Standesbeamten nach § 48 des RG. ü. d. A. d. fr. Ger. dem Vormundschaftsgerichte zu machenden Anzeigen einzeln aufgeführt, weil ein großer Teil der Standesbeamten auf dem Lande, wie die Praxis mehrfach gezeigt hat, die gesetzliche Bestimmung nicht verstanden und daher die Anzeigen unterlassen haben und weil viele Standesbeamte gleichzeitig Waisenräte sind. Verfasser bittet auch diese neue vermehrte Auflage freundlichst aufzunehmen.

Görlitz, im Juni 1906.

Der Verfasser.

Abkürzungen.

Abs. = Absatz.

AllgLR. = Allgemeines Preußisches Landrecht.

PrAusfGeszBGB. = Preuß. Ausführungsgesetz zum Bürgerlichen Gesetzbuch.

BGB. = Bürgerliches Gesetzbuch.

G. ü. d. allg. LVerw. = Gesetz über die allgemeine Landesverwaltung.

GS. = Gesetzsammlung.

KrO. = Kreisordnung.

LdgO. = Landgemeindeordnung.

MBl. f. d. i. V. = Ministerialblatt für die innere Verwaltung.

S. = Seite.

PrVormO. = Preußische Vormundschaftsordnung.

Reskr. = Reskript.

RG. ü. d. A. d. fr. Ger. = Reichsgesetz über die Angelegenheiten der freiwilligen Gerichtsbarkeit.

StO. = Städteordnung.

RStGB. = Reichsstrafgesetzbuch.

ZustG. = Zuständigkeitsgesetz.

Inhaltsübersicht.

Seite

I. Organisation des Gemeindewaisenrats 8

1. Der Gemeindewaisenrat als Hilfsorgan des Vormundschaftsgerichts und als Gemeindeamt 8
2. Wahl des Gemeindewaisenrates 9
3. Verpflichtung des Gemeindewaisenrates 11
4. Welche Personen sind in den Gemeindewaisenrat zu wählen? 9
5. Wahl der Geistlichen und Lehrer zu Mitgliedern des Gemeindewaisenrates 12
6. Wahl der Armen- und Bezirksvorsteher in den Gemeindewaisenrat 13
7. Verbindung des Gemeindewaisenrates mit der Armenkommission und der Schuldeputation in Städten . . 13
8. Anzeige seitens der Aufsichtsbehörde an das Vormundschaftsgericht von der Verpflichtung der Gemeindewaisenräte 14

II. Tätigkeit und Wirksamkeit des Gemeindewaisenrates 15

1. Die vom Gemeindewaisenrat zu beachtenden gesetzlichen Bestimmungen 15
2. Angabe der Fälle, in denen ein Vormund zu verpflichten ist . . . . 18 ff.
3. Benennung der sich zum Vormund, Gegenvormund, Pfleger oder Mitglied des Familienrates eignenden Personen durch den Gemeindewaisenrat und zwar
   a) auf Ersuchen des Vormundschaftsgerichts 21
   b) ohne ein solches Ersuchen auf Grund des § 49 des RG. ü. d. A. d. fr. Ger vom 17. Mai 1898 . . . 20
4. Welche Personen sind als Vormund, Gegenvormund, Pfleger in Vorschlag zu bringen? 21, 23, 24

Seite.

5. In welchen Fällen hat der Gemeindewaisenrat keine Verpflichtung zur Anzeige auf Einleitung einer Vormundschaft? (Vater stirbt mit Hinterlassung einer Witwe und minderjähriger Kinder) 18
6. Bestellung eines Beistandes nach Anfrage bei dem Gemeindewaisenrat 18
7. Die gesetzlichen Bestimmungen, welche der Gemeindewaisenrat bei der Benennung eines Vormundes, Gegenvormundes, Pflegers und Mitgliedes des Familienrates zu beachten hat . . . . 15ff.
8. Die durch letztwillige Verfügung berufenen Personen . 23
9. Die nach dem Gesetz berufenen Personen 23
10. Die gesetzlichen Bestimmungen über Unfähigkeit und Untauglichkeit einer Person zur Übernahme des Amtes eines Vormundes, Gegenvormundes, Pflegers, Mitglieds eines Familienrates 24
11. Die Reichsangehörigkeit verpflichtet jeden Deutschen zur Übernahme der Vormundschaft. § 1785 25
12. Gesetzliche Ablehnungsgründe bezüglich der Übernahme einer Vormundschaft usw. . . . . 24ff.
13. Rücksprache des Gemeindewaisenrates mit der vorzuschlagenden Person 28
14. Verzeichnis A 31
15. Verzeichnis B. § 1851 Abs. 2 31
16. Nutzen der vorbezeichneten Verzeichnisse A u. B . . 31
17. Aufsicht des Gemeindewaisenrates über Vormund und Mündel . . . . 34ff.
18. Verpflichtung des Gemeindewaisenrates, den Aufenthaltsort des Mündels bei eintretendem Wechsel dem Gemeindewaisenrat des neuen Aufenthaltsortes anzuzeigen 35
19. Mitteilung des Gemeindewaisenrates an das Vormundschaftsgericht über Veranlassung der Anzeige des Vormundes bei dem Verlegen des Aufenthaltsortes des Mündels 35
20. Hauptaufgabe des Gemeindewaisenrates
a) Überwachung des Vormundes, ob er für die körperliche Pflege des Mündels sorgt 37

Seite

b) Auskunftserteilung darüber an das Vormundschaftsgericht 37
c) Verpflichtung zur Anzeige an das Vormundschaftsgericht, sobald der Gemeindewaisenrat von der Gefährdung des Mündelvermögens Kenntnis erhält . . 37
d) Verpflichtung des Gemeindewaisenrates zur Anzeige an das Vormundschaftsgericht, wenn ein Fall zu seiner Kenntnis gelangt, in welchem die Person und das Vermögen des Kindes seitens des Vaters gefährdet ist 37
e) Fälle, in denen der Gemeindewaisenrat zur Anzeige an den Landrat bzw. den Magistrat behufs Einleitung der Fürsorgeerziehung verpflichtet ist,
1. wenn ein Fall des § 1666 oder 1838 des BGB. vorliegt . . . . 40 ff.
2. wenn ein Kind eine strafbare Handlung begeht . 40
3. wenn ein Kind sich der Erziehung der Eltern entzieht und die Verwahrlosung auf das Verschulden des Kindes zurückzuführen ist . . . . 40 ff.
f) Pflicht zur Ausfindigmachung und Benennung von Familien, welche sich zur Fürsorgeerziehung Minderjähriger eignen 43
g) Pflicht zur Auswahl und Benennung der Fürsorger, welche die Erziehung und Pflege eines in einer Familie untergebrachten Minderjährigen zu überwachen haben 43

III. Geschäftsverkehr des Gemeindewaisenrates mit dem Vormundschaftsgericht 44

IV. Geschäftsführung des Gemeindewaisenrates . . . 45

Alphabetisches Register 46

I. Organisation des Gemeindewaisenrats.

Das Bügerliche Gesetzbuch hat das durch § 52 der preußischen Vormundschaftsordnung vom 5. Juli 1875 neu eingeführte Institut des Waisenrats in sein Vormundschaftsrecht §§ 1773 bis 1921 übernommen, ihm jedoch, um von vornherein klarzulegen, daß es ein Gemeindeamt sei, den Namen Gemeindewaisenrat beigelegt. Im Anschluß an sein Vorbild beschränkt es sich darauf, in diesem Gemeindeamte dem Vormundschaftsgericht als der obersten Vormundschaftsbehörde ein geeignetes Hilfsorgan für die unmittelbare Aufsicht über Vormünder und Mündel, namentlich insoweit es sich um die Aufsicht über das persönliche Wohl des Mündels handelt, zur Seite zu stellen.

Der Gemeindewaisenrat, der in jeder Gemeinde nach dem preußischen Ausführungsgesetz zum BGB. Art. 77 aus einer oder mehreren Personen bestehen soll, ist also kein selbständiges Zwischenglied zwischen Staat und Vormund, keine besondere Aufsichtsbehörde, sondern lediglich Hilfsorgan der obersten Vormundschaftsbehörde, des Vormundschaftsgerichts, für das er indessen, dank seiner Stellung inmitten der Gemeinde von großer Wichtigkeit ist, denn gerade die Gemeindegenossen — darauf weisen die Motive zum BGB. Band IV Seite 1016 hin — sind durch gleichartige Verhältnisse und durch enge nachbarliche Beziehungen im besonderen Grade befähigt, bei genauer Kenntnis und richtiger Einsicht in die Bedürfnisse der Mitbürger auf eine sachgemäße Erledigung auch der Geschäfte der Vormundschaften einzuwirken und durch persönliche Anschauung das zu ergänzen, was zur Wirksamkeit richterlicher Aufsicht fehlt. Die Bestimmungen über die Wahl, die Form der Verpflichtung, die Amtsdauer und die Ablehnungs- und Entlassungsgründe überläßt das BGB. den Gemeindestatuten bzw. der Gemeindeverfassung.

In Preußen erfolgt in den Städten die Bestellung der Gemeindewaisenräte nach Anhörung der Stadtverordneten durch Beschluß des Magistrats bzw. den Bürgermeister (StO. f. d. östl. Prov. vom 30. Mai 1853, für Westfalen vom 19. März 1856, für die Rheinprovinz vom 15. Mai 1856, für Hannover vom 24. Juni 1858, Frankfurt a. M. Gemeindeverfassungsgesetz vom 25. Mai 1867, Schleswig-Holstein vom 14. April 1869, für Hessen-Nassau vom 4. August 1897); in den Landgemeinden von der Gemeindeversammlung bzw. dem Gutsvorstand. (LdgO. f. d. östl. Prov. vom 3. Juli 1891, für Westfalen vom 19. Juli 1856, Rheinprovinz vom 15. Mai 1856, Schleswig-Holstein vom 4. Juli 1892, Hessen-Nassau vom 4. August 1897.)

Die Bestellung erfolgt in der Regel auf Lebenszeit und ist jedes stimmfähige Gemeindemitglied verpflichtet, das Amt des Gemeindewaisenrats, welches ein unentgeltliches Gemeindeamt ist, zu übernehmen und drei Jahre lang zu verwalten.

Von der Übernahme des Amtes bzw. Entlassung aus demselben können das Gemeindemitglied nur Entschuldigungsgründe, wie solche in den Städte- und Landgemeindeordnungen angegeben sind, also das Alter von 60 Jahren, dauernde Krankheit, die Verwaltung eines Staats- oder anderen Gemeindeamts, Geschäfte, welche eine häufige oder lang andauernde Abwesenheit vom Wohnorte mit sich bringen oder Verhältnisse, welche nach dem Ermessen der Behörden eine gültige Entschuldigung begründen, befreien. Nach der Städteordnung und Landgemeindeordnung für Westfalen und Rheinprovinz gilt ärztliche und wundärztliche Praxis auch als Entschuldigungs- und Entlassungsgrund. Über die geltend gemachten Entschuldigungs- und Entlassungsgründe entscheidet in den Städten der Magistrat, Stadt- und Gemeinderat, in Landgemeinden der Kreisausschuß bzw. der Landrat.

Dasjenige Gemeindemitglied, welches sich ohne gesetzlichen Entschuldigungsgrund weigert, das Amt eines Waisenrats zu übernehmen und drei Jahre zu verwalten oder welches als gewähltes Gemeindewaisenratsmitglied das Amt nicht ordnungsmäßig verwaltet, kann in Preußen nach § 74 der StO., § 10 des ZustG. vom 1. August 1883, § 8 der KrO. und § 4 des Gesetzes vom 30. Juli 1883 der Ausübung der Gemeinderechte bzw. seines Rechts auf Teilnahme an der Vertretung der Stadt bzw. des Kreises für einen Zeitraum von drei bis sechs Jahren durch Beschluß des Magistrats bzw. des Kreisausschusses für verlustig erklärt und $^1/_8$ bis $^1/_4$ stärker als die übrigen Stadt- bzw. Kreiseingesessenen zu den Kommunal- bzw. Kreisabgaben herangezogen werden. (StO. vom 30. Mai 1853, LdgO. vom 3. Juli 1891). Aufsichtsbehörde ist für die Gemeindewaisenräte in den Städten der Regierungspräsident in erster, der Oberpräsident in zweiter und letzter Instanz; für Berlin der Oberpräsident in erster, der Minister des Innern in zweiter Instanz (§§ 7, 24, 36 des ZustG. vom 1. August 1883), in Landgemeinden und selbständigen Gutsbezirken, der Landrat als Vorsitzender des Kreisausschusses in erster Instanz, der Regierungspräsident in zweiter und letzter Instanz (§ 24 des ZustG. vom 1. August 1883). An diese Aufsichtsbehörde hat der Gemeindewaisenrat die von ihm zu erhebenden Beschwerden binnen zwei Wochen zu richten.

Es können jedoch auch disziplinarische Maßregeln gegen Gemeindewaisenratsmitglieder gemäß dem Disziplinargesetz vom 21. Juli 1852 ergriffen werden und zwar Warnung, Verweis, Geldstrafe bis neun Mark (§§ 15, 17 des Disziplinargesetzes). Die Strafgewalt hat in Städten der Bürgermeister. Gegen dessen Strafverfügung ist Beschwerde an den Regierungspräsidenten und gegen dessen Beschluß Klage bei dem Oberverwaltungsgericht zulässig; in den Landgemeinden ist der Landrat strafberechtigtes Organ. Der Rechtsmittelzug ist nach § 36 des ZustG. ebenso wie in Städten. Für das förmliche Disziplinarverfahren nach dem Gesetze vom 21. Juli 1852 sind die entscheidenden Organe in Städten in erster Instanz der Bezirksausschuß, dagegen mit vier Wochen Frist Berufung an das Oberverwaltungsgericht, in Landgemeinden in erster Instanz der Kreisausschuß, dagegen mit zwei Wochen Frist Beschwerde an den Regierungspräsidenten und gegen dessen Beschluß binnen vier Wochen Klage bei dem Oberverwaltungsgericht (§ 20 des ZustG.).

Der Gemeindewaisenrat hat außerdem auch das Recht der Beschwerde gegen Verfügungen des Vormundschaftsgerichts, die eine Entscheidung wegen der Sorge für die Person des Mündels enthalten § 57 Nr. 9 des RG. ü. d. A. d. fr. Ger. vom

17. Mai 1898 RGBl. 1898 S. 198 und auch in anderen Fällen, sofern ein gesetzlich gewährleistetes Recht des Gemeindewaisenrats durch eine gerichtliche Verfügung beeinträchtigt ist. (§ 20, § 57 des RG. ü. d. A. d. fr. Ger. vom 17. Mai 1898 RGBl. 1898 S. 198.)

Die Verpflichtung der Gemeindewaisenräte erfolgt in Preußen und zwar in Städten durch die Bürgermeister, in Landgemeinden durch den Gemeinde- oder Amtsvorsteher, es sei denn, daß es der Landrat selbst bewirkt, da nach Art. 77 des AusfGesBGB. nicht das Amtsgericht die Geschäftsführung zu überwachen hat Anders ist dies im Königreich Sachsen, wo nach § 46 der Verordnung vom 6. Juli 1899 (Ges. u. VerordBl. für das Königreich Sachsen per 1899 S. 203) das Amtsgericht die Aufsicht über die Tätigkeit der Gemeindewaisenräte zu führen und nach § 43 derselben Verordnung die von den Stadtverordneten bzw. dem Stadtgemeinderat in den Städten, bzw. von dem Gemeinderat bzw. der Gemeindeversammlung gewählten und ihre vom Stadtrat oder Bürgermeister oder Gemeindevorstand oder Amtmann angezeigten Gemeindewaisenrats Mitglieder mittelst Handschlag an Eidesstatt zu treuer und gewissenhafter Führung des Amtes zu verpflichten hat. Im Königreich Bayern ist die Geschäftsführung, insbesondere der Verkehr der Gemeindewaisenräte mit dem Vormundschaftsgericht durch das Staatsministerium der Justiz und des Innern nach Art. 99 des AusfGesBGB. bestimmt. Im Königreich Württemberg wird nach Art. 56 des AusfGesBGB. die Dienstaufsicht über den Gemeindewaisenrat durch das Amtsgericht, Landgericht, Oberlandesgericht und Justizministerium geführt. Im Großherzogtum Baden endlich führt die Dienstaufsicht über den Gemeindewaisenrat der Gemeinderat und das Amtsgericht.

Auch in Preußen erfolgt die Verpflichtung der Gemeindewaisenräte durch die oben bezeichneten Organe, Bürgermeister bzw. Gemeinderat bzw. Gemeinde- bzw. Guts- bzw. Amtsvorsteher, da die früheren Anordnungen des Zirkulars des Ministers des Innern vom 5. Februar 1876 MBl. f. d. i. V. 1876 S. 16 noch in Geltung sind, mittelst Handschlags an Eidesstatt.

Wenn schon in der PrVormO. an den Waisenrat hohe Anforderungen gestellt werden, so hat das BGB. dieselben um ein Bedeutendes vermehrt. Es sind daher in den Gemeindewaisenrat nur solche Männer — nicht Frauen — zu wählen, die ein freies, selbständiges Urteil besitzen, in ihrer Stellung möglichst unabhängig sind, durch ein jahrelanges Verweilen in der Gemeinde mit den Sitten und Gebräuchen derselben bekannt und möglichst jedes einzelne andere Gemeindemitglied in bezug auf Charakter, Fähigkeiten usw. zu beurteilen imstande sind. In den größeren Städten wird letzteres wohl kaum möglich sein, aber auf dem Lande, wo jedes Gemeindemitglied das andere genau kennt und mit ihm meist durch Familienbande verknüpft ist, sollte es nach der Meinung des Verfassers nicht schwer sein, die zu dem Vertrauensamte eines Gemeindewaisenrats passende Person zu finden. Der Verfasser hat als langjähriger Vormundschaftsrichter in seinem Bezirke seit Jahren dahin gewirkt und es auch durchgesetzt, daß in den Waisenrat auf dem Lande die Geistlichen gewählt worden sind, weil diesen Herren meist eine bessere Geschäftskenntnis als den übrigen Gemeindemitgliedern innewohnt, sie insbesondere mit der sorgfältigen Führung der Vormundschaftslisten vertraut sind und die an sie gerichteten Ersuchen des Gerichts stets kurz und klar erledigen, anderseits aber deshalb, weil sie durch ihr Seelsorgeramt mit den Eltern und Kindern ihrer Gemeinde in näherer Beziehung stehen und nach der Konfirmation bzw. Firmelung und Entlassung aus der Schule an ihren Schülern ein gewisses Interesse behalten und darauf bedacht sind, daß dieselben nicht verwahrlosen, sondern unter der sicheren Hand eines gewissenhaften Vormundes nicht straucheln und auf Abwege geraten. Außerdem hat aber der Verfasser die Herren Geistlichen aus dem Grunde zur Wahl in den Waisenrat empfohlen, weil diese infolge ihrer Stellung in der Gemeinde das geeignete Organ sind, die Vormünder zu Besprechungen vorzuladen und sogenannte Mündeltage abzuhalten. Daß derartige Mündeltage auf Vormünder und Mündel vorteilhaft wirken, dürfte außer Zweifel sein. Mit Rücksicht auf die größeren Anforderungen, die das Bürgerliche Gesetzbuch an den Gemeindewaisenrat stellt. Dürfte es sich auch für das Land empfehlen, neben dem Geistlichen auch den Lehrer, also zwei geschäftsgewandte Personen in den Gemeindewaisenrat zu wählen. Der Versuch, die Herren Geistlichen der größeren Städte in den

Gemeindewaisenrat wählen zu lassen, dürfte daran scheitern, daß dieselben infolge ihrer sonstigen Tätigkeit sich außerstande erklären, das Amt anzunehmen. Viel gewonnen ist aber schon, wenn dieselben sich an den unter dem Vorsitze eines Magistratsmitgliedes stattfindenden Besprechungen des Gemeindewaisenrats mit dem Vormundschaftsrichter betätigen und mit ihrem Rate und ihrer Erfahrung dem Gemeindewaisenrat beistehen. Es wäre erwünscht, wenn die Herren Geistlichen der größeren Städte der durch Verfügung des evangelischen Oberkirchenrats vom 14. März 1875 MBl. f. d. i. V. 1876 Seite 68 erteilten generellen Genehmigung zur Übernahme des Amtes gemäß in den Waisenrat gewählt würden und an den Besprechungen des Gemeindewaisenrats teilnähmen.

In einer großen Zahl von Städten besteht der Gemeindewaisenrat z. Z. aus einer ganzen Anzahl von Personen und wird dies auch ferner aufrecht erhalten werden müssen, ja Verfasser möchte denjenigen Behörden, welche die Wahl des Gemeindewaisenrats zu vollziehen haben, anheimgeben, eine genaue Sichtung des Gemeindewaisenrats vorzunehmen bzw. durch Wahl neuer Mitglieder, z. B. von Bezirks- oder Armenvorstehern, zu erweitern, weil die Tätigkeit des Gemeindewaisenrats gegenüber der bisherigen erheblich größer geworden ist, indem sie, wie weiter unten ausgeführt werden wird, nicht bloß die Benennung eines zu verpflichtenden Vormundes, Gegenvormundes, Pflegers, Beistandes oder die Auskunftserteilung auf Anfragen des Vormundschaftsgerichts oder die Mitteilung der Veränderung des Aufenthalts des Mündels umfaßt, sondern in der gleichzeitigen Überwachung des Vormundes in Verbindung mit dem Gegenvormund besteht.

In verschiedenen preußischen Städten sind die Gemeindewaisenräte mit der Armen- und Schuldeputation verbunden, beides ist zu empfehlen. Die Armendeputation in einer Stadt hat besonders Gelegenheit, in die Verhältnisse der ärmeren Volksklassen Einblick zu erhalten und Mittel und Wege zu finden, um der Verwahrlosung der in solchen Verhältnissen aufwachsenden Kinder vorzubeugen. Die Schuldeputation als Aufsichtsbehörde der Schule steht mit dem Lehrer in unmittelbarer Verbindung und kann von ihm darauf aufmerksam gemacht werden, inwiefern in der Erziehung der von ihm unterrichteten Mündel eine Änderung eintreten muß. In den größeren Städten Preußens besteht meist ein Zentralwaisenrat unter einem Vorsitzenden, der die Geschäfte des Gemeindewaisenrats führt und von welchem das Ersuchen des Gerichts erledigt wird.

Die Erfahrung hat übrigens gelehrt, daß seitens der Organe, welche die Bestellung und Verpflichtung des Waisenrats zu bewirken und ihre Ernennung dem Vormundschaftsgerichte mitzuteilen haben, in den Fällen, in welchen Waisenräte ihr Amt niedergelegt haben oder durch den Tod ausgeschieden sind, es oft unterlassen wird, dem Gericht dies anzuzeigen sowie die an Stelle derselben neugewählten Waisenräte anzuzeigen. Es wird sich empfehlen, daß die Aufsichtsbehörde darüber wacht, daß im Falle des Ausscheidens eines Waisenrats baldmöglichst ein Ersatzmann gewählt und verpflichtet und dem Vormundschaftsgericht angezeigt wird.

II. Die Tätigkeit und Wirksamkeit des Gemeindewaisenrats.

Die Bestimmungen des BGB., welche sich auf die Tätigkeit und Wirksamkeit des Gemeindewaisenrats beziehen, sind folgende:

§ 1849. Der Gemeindewaisenrat hat dem Vormundschaftsgerichte die Personen vorzuschlagen, die sich im einzelnen Falle zum Vormunde, Gegenvormund oder Mitglied eines Familienrats eignen.

§ 1773. Ein Minderjähriger erhält einen Vormund, wenn er nicht unter elterlicher Gewalt steht oder wenn die Eltern weder in den die Person noch in den das Vermögen betreffenden Angelegenheiten zur Vertretung des Minderjährigen berechtigt sind.

Ein Minderjähriger erhält einen Vormund auch dann, wenn sein Familienstand nicht zu ermitteln ist.

§ 1896. Ein Volljähriger erhält einen Vormund, wenn er entmündigt ist.

§ 1906. Ein Volljähriger, dessen Entmündigung beantragt ist, kann unter vorläufige Vormundschaft gestellt werden, wenn das Vormundschaftsgericht es zur Abwendung einer erheblichen Gefährdung der Person oder des Vermögens des Volljährigen für erforderlich erachtet.

§ 1909 Abs. 1. Wer unter elterlicher Gewalt oder unter Vormundschaft steht, erhält für Angelegenheiten, an deren Besorgung der Gewalthaber oder der Vormund verhindert ist, einen Pfleger. Er erhält insbesondere einen Pfleger zur Verwaltung des Vermögens, das er von Todes wegen erwirbt oder das ihm unter Lebenden von einem Dritten unentgeltlich zugewendet wird, wenn der Erblasser durch letztwillige Verfügung, der Dritte bei der Zuwendung bestimmt hat, daß dem Gewalthaber oder dem Vormunde die Verwaltung nicht zustehen soll.

§ 1910 Abs. 1. Ein Volljähriger, der nicht unter Vormundschaft steht, kann einen Pfleger für seine Person und sein Vermögen erhalten, wenn er infolge körperlicher Gebrechen, insbesondere weil er taub, blind oder stumm ist, seine Angelegenheiten nicht zu besorgen vermag.

§ 1911 Satz 1. Ein abwesender Volljähriger, dessen Aufenthalt unbekannt ist, erhält für seine Vermögensangelegenheiten, soweit sie der Fürsorge bedürfen, einen Abwesenheitspfleger.

§ 1912 Satz 1. Eine Leibesfrucht erhält zur Wahrnehmung ihrer künftigen Rechte, soweit diese einer Fürsorge bedürfen, einen Pfleger.

§ 1913 Satz 1. Ist unbekannt oder ungewiß, wer bei einer Angelegenheit der Beteiligte ist, so kann dem Beteiligten für diese Angelegenheit, soweit eine Fürsorge erforderlich ist, ein Pfleger bestellt werden.

§ 1914. Ist durch öffentliche Sammlung Vermögen für einen vorübergehenden Zweck zusammengebracht worden, so kann zum Zwecke der Verwaltung und Verwendung des Vermögens ein Pfleger bestellt werden, wenn die zu der Verwaltung und Verwendung berufenen Personen weggefallen sind.

§ 1882. Die Vormundschaft endigt mit dem Wegfalle der im § 1773 für die Anordnung der Vormundschaft bestimmten Voraussetzungen.

§ 1883 Abs. 1. Wird der Mündel durch nachfolgende Ehe legitimiert so endigt die Vormundschaft erst dann, wenn die Vaterschaft des Ehemanns durch ein zwischen ihm und dem Mündel ergangenes Urteil rechtskräftig festgestellt ist oder die Aufhebung der Vormundschaft von dem Vormundschaftsgericht angeordnet wird.

§ 1884 Satz 1. Ist der Mündel verschollen, so endigt die Vormundschaft erst mit der Aufhebung durch das Vormundschaftsgericht.

§ 1885. Das Amt des Vormundes endigt mit seiner Entmündigung. Wird der Vormund für tot erklärt, so endigt sein Amt mit der Erlassung des die Todeserklärung aussprechenden Urteils.

§ 1897. Auf die Vormundschaft über einen Volljährigen finden die für die Vormundschaft über einen Minderjährigen geltenden Vorschriften Anwendung, soweit sich nicht aus den §§ 1898 bis 1908 ein anderes ergibt.

§ 1918. Die Pflegschaft für eine unter elterlicher Gewalt oder unter Vormundschaft stehende Person endigt mit der Beendigung der elterlichen Gewalt oder der Vormundschaft.

Die Pflegschaft für eine Leibesfrucht endigt mit der Geburt des Kindes.

Die Pflegschaft zur Besorgung einer einzelnen Angelegenheit endigt mit deren Erledigung.

§ 1919. Die Pflegschaft ist von dem Vormundschaftsgericht

aufzuheben, wenn der Grund für die Anordnung der Pflegschaft weggefallen ist.

§ 1920. Eine nach § 1910 angeordnete Pflegschaft ist von dem Vormundschaftsgerichte aufzuheben, wenn der Pflegebefohlene die Aufhebung beantragt.

§ 1921. Die Pflegschaft für einen Abwesenden ist von dem Vormundschaftsgericht aufzuheben, wenn der Abwesende an der Besorgung seiner Vermögensangelegenheiten nicht mehr verhindert ist.

Abs. 2 Satz 1. Stirbt der Abwesende, so endigt die Pflegschaft erst mit der Aufhebung durch das Vormundschaftsgericht.

Wird der Abwesende für tot erklärt, so endigt die Pflegschaft mit der Erlassung des die Todeserklärung aussprechenden Urteils.

§ 1850. Der Gemeindewaisenrat hat in Unterstützung des Vormundschaftsgerichts darüber zu wachen, daß die Vormünder der sich in seinem Bezirk aufhaltenden Mündel für die Person der Mündel, insbesondere für ihre Erziehung und ihre körperliche Pflege, pflichtmäßig Sorge tragen. Er hat dem Vormundschaftsgerichte Mängel und Pflichtwidrigkeiten, die er in dieser Hinsicht wahrnimmt, anzuzeigen und auf Erfordern über das persönliche Ergehen und das Verhalten eines Mündels Auskunft zu erteilen.

Erlangt der Gemeindewaisenrat Kenntnis von einer Gefährdung des Vermögens eines Mündels, so hat er dem Vormundschaftsgericht Anzeige zu machen.

§ 1851. Das Vormundschaftsgericht hat dem Gemeindewaisenrate die Anordnung der Vormundschaft über einen sich in dessen Bezirk aufhaltenden Mündel unter Bezeichnung des Vormundes und des Gegenvormundes sowie einen in der Person des Vormundes oder des Gegenvormundes eintretenden Wechsel mitzuteilen.

Wird der Aufenthalt eines Mündels in den Bezirk eines anderen Gemeindewaisenrats verlegt, so hat der Vormund dem Gemeindewaisenrate des bisherigen Aufenthaltsorts und dieser dem Gemeindewaisenrate des neuen Aufenthaltsorts die Verlegung mitzuteilen.

§ 1675. Der Gemeindewaisenrat hat dem Vormundschaftsgericht Anzeige zu machen, wenn ein Fall zu seiner

Kenntnis gelangt, in welchem das Vormundschaftsgericht zum Einschreiten berufen ist.

§ 1687. Das Vormundschaftsgericht hat der Mutter einen Beistand zu bestellen:

1. wenn der Vater die Bestellung nach Maßgabe des § 1777 angeordnet hat;
2. wenn die Mutter die Bestellung beantragt;
3. wenn das Vormundschaftsgericht aus besonderen Gründen, insbesondere wegen des Umfanges oder der Schwierigkeit der Vermögensverwaltung, oder in den Fällen der §§ 1666, 1667 die Bestellung im Interesse des Kindes für nötig erachtet.

Nach § 1849 BGB. hat der Gemeindewaisenrat in erster Linie die Verpflichtung, Personen vorzuschlagen, die sich im einzelnen Falle zum Vormunde, Gegenvormunde oder Mitglied eines Familienrates eignen. Das Vormundschaftsgericht hat nach § 1779 Abs. 1 erst nach Anhörung des Gemeindewaisenrats den Vormund, Gegenvormund, Pfleger oder das Mitglied des Familienrates auszuwählen. Damit jedoch der Gemeindewaisenrat weiß, in welchen Fällen ein Vormund, Gegenvormund, Pfleger zu wählen ist, ist noch folgendes zu bemerken:

Jeder Minderjährige, der nicht unter elterlicher Gewalt steht, oder dessen Eltern weder in den die Person noch in das Vermögen betreffenden Angelegenheiten zur Vertretung berechtigt sind, erhält nach § 1773 BGB einen Vormund.

Minderjährig ist nach § 2 bzw. 3 BGB. derjenige, welcher das 21. Lebensjahr noch nicht vollendet hat bzw. nach Vollendung des 18. Lebensjahres noch nicht für volljährig erklärt worden ist.

Ist der Vater eines Minderjährigen gestorben oder für tot erklärt, oder hat er die elterliche Gewalt verwirkt und die Ehe ist aufgelöst, so steht der Mutter nach § 1684 die elterliche Gewalt zu und es bedarf in diesen Fällen der Minderjährige keinen Vormund.

Ein Vormund ist dem Minderjährigen zu bestellen in folgenden Fällen;

1. wenn beide Eltern tot oder für tot erklärt sind und das Kind nicht angenommen ist;

2. wenn der Vater die elterliche Gewalt verwirkt hat (§ 1680), d. i. wenn er wegen eines an dem Kinde verübten Vergehens zu Zuchthaus oder zu einer Gefängnisstrafe von mindestens sechs Monaten verurteilt ist und die Ehe noch besteht (§ 1684 Nr. 2);

3. wenn dem Vater das Recht der Sorge für die Person und das Vermögen des Kindes nach § 1666 und § 1667 BGB. entzogen ist;

4. wenn der Vater an der Ausübung der elterlichen Gewalt tatsächlich verhindert ist oder dieselbe ruht und das Vormundschaftsgericht gemäß § 1685 Abs. 2 nach Auflösung der Ehe die Ausübung der elterlichen Gewalt der Mutter nicht übertragen hat;

5. wenn nach dem Tode das Vaters die Mutter die elterliche Gewalt nach § 1680 verwirkt oder dieselbe nach §§ 1676, 1677, 1686 ruht;

6. wenn der Minderjährige ein uneheliches Kind ist, weil dann die Mutter nach § 1707 die elterliche Gewalt nicht hat, also es nicht vertreten kann;

7. wenn die Mutter, welcher die elterliche Gewalt nach §§ 1684 u. 1685 zugestanden war, sich wieder verheiratet, weil sie in diesem Falle nach § 1697 die elterliche Gewalt verliert.

Einen Vormund haben ferner zu erhalten:

a) angenommene Kinder, wenn der annehmende Ehegatte stirbt und der andere Ehegatte sich der Annahme an Kindesstatt nicht angeschlossen hatte, denn der Ehegatte des Annehmenden erlangt nicht die Befugnisse, welche ihm infolge der elterlichen Gewalt aus dem Rechtsverhältnisse zu seinen ehelichen Kindern erwachsen würden. Haben die Ehegatten gemeinschaftlich ein Kind an Kindesstatt angenommen, so ist ein Vormund erst zu verpflichten, wenn beide Ehegatten tot sind, da der überlebende Ehegatte nach § 1757 die elterliche Gewalt behält.

b) Kinder aus nichtigen Ehen,

1. wenn beide Eltern die Nichtigkeit der Ehe gekannt haben;

2. wenn die Nichtigkeit der Ehe auf einen Formmangel beruht und die Ehe nicht in das Heiratsregister eingetragen ist, auch dann, wenn beide Ehegatten die Nichtig-

keit der Ehe gekannt haben, und zwar in diesen Fällen deshalb, weil die Kinder nach §§ 1317, 1324ff. u. 1699 als unehelich gelten.

Ein Minderjähriger endlich erhält einen Vormund, wenn, wie § 1773 Abs. 2 sagt, sein **Familienstand unbekannt** ist, d. h. wenn das Kind ein Findelkind ist, und wenn der Inhaber der elterlichen Gewalt nicht zu ermitteln ist. In allen diesen Fällen hat das Vormundschaftsgericht gemäß § 1779 Abs. 1 BGB. nach Anhörung des Gemeindewaisenrats einen Vormund auszuwählen. Dem Gemeindewaisenrat legt aber der § 1849 BGB. die Verpflichtung auf, dem Vormundschaftsgericht die Personen vorzuschlagen, die sich im einzelnen Falle zum Vormund, Gegenvormund oder Mitglied des Familienrates eignen. Weiter geht noch § 49 RG. ü. d. A. d. fr. Ger. vom 20. Mai 1898; dieses gibt dem Gemeindewaisenrat auf, dem Vormundschaftsgericht Anzeige zu machen, wenn es von einem Falle Kenntnis erhält, in welchem ein Vormund, Gegenvormund oder Pfleger zu bestellen ist und gleichzeitig die Person vorzuschlagen, die sich zum Vormund, Gegenvormund oder Pfleger eignet. Erwähnt sei hier noch, daß § 48 desselben Gesetzes den Standesbeamten die Pflicht auferlegt, in folgenden Fällen dem Vormundschaftsgerichte Anzeige zu erstatten:

1. wenn der Tod eines Vaters oder einer Mutter, welche ein oder mehrere minderjährige Kinder hinterlassen haben, angezeigt wird, da der Witwer bzw. die Witwe das Verzeichnis des Vermögens des Kindes, welches beim Tode der Mutter bzw. des Vaters vorhanden ist oder dem Kinde später zufällt, nach § 1649 BGB. einzureichen hat;

2. wenn der Tod eines Witwers oder einer Witwe, welche ein oder mehrere minderjährige Kinder hinterlassen haben, angezeigt wird, da sofort eine Vormundschaft nach § 1773 BGB. einzuleiten ist;

3. wenn die Geburt eines unehelichen Kindes angezeigt wird, da das gleiche wie unter Nr. 2 geschehen muß;

4. wenn die Auffindung eines Minderjährigen, dessen Familienstand nicht zu ermitteln ist — sogenanntes Findelkind —, angezeigt wird, da auch hier nach § 1773 Abs. 2 BGB. ein Vormund zu verpflichten ist;

5. wenn von einer Frau, die ein oder mehrere minderjährige Kinder aus einer früheren Ehe hat, eine neue Ehe geschlossen wird, da nach § 1697 BGB. die Mutter die elterliche Gewalt verliert und eine Vormundschaft nach § 1773 BGB. einzuleiten ist;

6. wenn der Tod eines unehelichen Kindes angezeigt wird oder von einer Frauensperson, welche ein außereheliches Kind am Leben hat, die Ehe mit dem Erzeuger des Kindes geschlossen wird und dieser das Kind als ehelich anerkannt hat, da das Vormundschaftsgericht die Beendigung der Vormundschaft nach §§ 1882, 1883 BGB. anzuordnen hat. (V. d. Min. d. Jn. v. 27. 1. 04 I 2383.)

Da das Vormundschaftsgericht nach § 1779 Abs. 2 BGB. eine Person auswählen soll, die nach ihren persönlichen Verhältnissen und ihrer Vermögenslage sowie nach den sonstigen Umständen zur Führung der Vormundschaft geeignet ist, und bei der Auswahl das religiöse Bekenntnis des Mündels sowie Verwandte und Verschwägerte des Mündels zunächst zu berücksichtigen hat, so möge der Gemeindewaisenrat, um Rückfragen seitens des Vormundschaftsrichters zu vermeiden und den Geschäftsverkehr mit dem Vormundschaftsgericht zu erleichtern, bei der Benennung des Vormundes, Gegenvormundes, Pflegers oder Mitgliedes eines Familienrates auf das Bedacht nehmen, was dem Vormundschaftsgericht bei der Auswahl zur Pflicht gemacht ist.

Insbesondere ist dem Gemeindewaisenrat zu empfehlen, daß er in den Fällen, von denen er annehmen kann, daß mit der Führung der Vormundschaft eine Vermögensverwaltung verbunden ist, einen Vormund und Gegenvormund gleichzeitig in Vorschlag bringt. Der Gemeindewaisenrat wolle aber hierbei Personen benennen, denen die erforderliche Geschäftskenntnis innewohnt und von denen er erwarten kann, daß sie das Interesse des Mündels als gute, sorgsame Hausväter wahrnehmen.

Der Gemeindewaisenrat in kleinen Städten oder auf dem Lande, der inmitten seiner Gemeinde steht und ein hervorragendes Interesse an der Erziehung und an der körperlichen sowie sittlichen und intellektuellen Ausbildung seiner künftigen Mitglieder hat, wird, wenn er sein Amt so auffaßt, wie das Gesetz es beabsichtigt, nur eine Person als Vormund, Gegenvormund oder Pfleger in Vorschlag bringen können, von der er sicher ist, daß sie das in sie gesetzte Vertrauen rechtfertigt.

Anders wird dies in den Städten mit einer großen Einwohnerzahl sein. Hier ist ein genaues Kennen der einzelnen Gemeindemitglieder seitens des Gemeindewaisenrats fast ausgeschlossen, und es werden sich dem Gemeindewaisenrat oft Schwierigkeiten entgegenstellen, die das Finden einer geeigneten Person geradezu in Frage stellen; allein, wenn wie der Verfasser sich oben bereits vorzuschlagen erlaubte, die Bezirks- und Armenvorsteher in den Gemeindewaisenrat gewählt werden, so dürfte das Finden einer geeigneten Person sehr erleichtert werden, da die Bezirks- und Armenvorsteher infolge der genauen Personenkenntnis ihres Bezirkes sehr wohl imstande sind, tüchtige und gewandte Vormünder und Gegenvormünder zu benennen. An solchen Personen haben größere Städte erfahrungsgemäß keinen Mangel und ist daher der Gemeindewaisenrat solcher Städte nach dieser Richtung besser gestellt als der Gemeindewaisenrat kleinerer Städte und des Landes.

Verfasser erlaubt sich bereits an dieser Stelle, den Gemeindewaisenrat darauf aufmerksam zu machen, daß in den Fällen, wo ein Vater mit Hinterlassung einer Witwe und minorenner Kinder stirbt, der Gemeindewaisenrat *keine* Verpflichtung hat, dem Vormundschaftsgericht Anzeige zu machen, denn nach § 1684 BGB. *unterbleibt* die Einleitung einer Vormundschaft im eigentlichen Sinne, da die Mutter die *elterliche Gewalt* hat. Erst dann, wenn das Vormundschaftsgericht gemäß § 1687 BGB. der Mutter einen Beistand zu bestellen für nötig erachtet und sich an den Gemeindewaisenrat um Benennung eines solchen wendet, hat dieser den Beistand zu benennen. Das Bürgerliche Gesetzbuch und das Reichsgesetz über die Angelegenheiten der freiwilligen Gerichtsbarkeit enthalten keine Bestimmung, daß der Gemeindewaisenrat den Beistand auf Anrufen des Vormundschaftsgerichtes zu benennen habe, allein es geht dies unzweifelhaft aus § 1694 BGB. hervor, da nach dieser Bestimmung für die Berufung, Bestellung und Beaufsichtigung des Beistandes usw. die gleichen Bestimmungen wie bei dem Gegenvormunde gelten. Im übrigen ist auch der Gemeindewaisenrat das einzige Organ, an welches sich das Vormundschaftsgericht wegen Benennung eines Beistandes wenden kann. Bei der Benenung eines Vormundes, Gegenvormundes oder Pflegers oder Mitglied eines Familienrates hat der Gemeindewaisenrat auf folgendes zu achten:

1. ob Personen vorhanden sind, die nach dem Gesetz als Vormünder berufen sind;
2. ob die von ihm in Vorschlag zu bringende Person zur Übernahme und Führung der Vormundschaft, Gegenvormundschaft oder Pflegschaft oder Mitgliedschaft des Familienrates fähig und tauglich ist und
3. ob die als Vormund, Gegenvormund, Pfleger oder Mitglied eines Familienrates in Aussicht genommene Person dieses Amt ablehnen kann.

Der § 1776 BGB. bezeichnet als Vormünder, in nachstehender Reihenfolge berufen:

1. wer von dem Vater des Mündels als Vormund benannt ist;
2. wer von der ehelichen Mutter des Mündels als Vormund benannt ist;
3. der Großvater des Mündels von väterlicher Seite;
4. der Großvater des Mündels von mütterlicher Seite.

Die Großväter sind nicht berufen, wenn der Mündel von einem anderen als dem Ehegatten seines Vaters oder seiner Mutter an Kindesstatt angenommen ist. Das Gleiche gilt, wenn derjenige, von welchem der Mündel abstammt, von einem andern als dem Ehegatten seines Vaters oder seiner Mutter an Kindesstatt angenommen ist und die Wirkungen der Annahme sich auf den Mündel erstrecken.

Pflicht des Gemeindewaisenrats ist es daher, wenn er vom Vormundschaftsrichter um Benennung eines Vormundes angegangen wird, die nach dem Gesetz berufenen Personen in erster Linie in Vorschlag zu bringen, gleichzeitig aber, wenn er der Meinung ist, daß der vom Gesetz Berufene sich zur Übernahme der Vormundschaft nicht eignet und das Wohl und Wehe des Mündels gefährdet ist, dem Vormundschaftsgericht davon Mitteilung zu machen, damit dieses nach § 1778 BGB. den Berufenen hören und dann entscheiden kann. Die Fälle, in denen ein vom Vater oder der ehelichen Mutter letztwillig zum Vormund Berufener bei Eröffnung der letztwilligen Ver-

fügung infolge eingetretener Umstände als solcher nicht mehr geeignet erscheint, werden zwar selten vorkommen, allein die Möglichkeit ist nicht ausgeschlossen und darum wird das Vormundschaftsgericht, wenngleich es vom Gesetz nicht angeordnet ist, guttun, auch in solchen Fällen den Gemeindewaisenrat zu befragen, um sich vor einem Mißgriff in der Person zu schützen. In zweiter Linie wird er auf die Fähigkeit und Tauglichkeit der als Vormund, Gegenvormund, Pfleger oder Mitglied des Familienrates vorzuschlagenden Person zu achten haben. Den erforderlichen Anhalt hierfür bieten die §§ 1780, 1781, 1782, 1783, 1784, 1865, 1866, 1867.

Der § 1780 sagt:

Zum Vormunde kann nicht bestellt werden, wer geschäftsunfähig oder wegen Geistesschwäche, Verschwendung oder Trunksucht entmündigt ist.

§ 1781. Zum Vormunde soll nicht bestellt werden:

1. wer minderjährig oder nach § 1906 unter vorläufige Vormundschaft gestellt ist;
2. wer nach § 1910 zur Besorgung seiner Vermögensangelegenheiten einen Pfleger erhalten hat;
3. wer in Konkurs geraten ist, während der Dauer des Konkurses;
4. wer der bürgerlichen Ehrenrechte für verlustig erklärt ist, soweit sich nicht aus den Vorschriften des Strafgesetzbuchs ein anderes ergibt.

§ 1782 Satz 1. Zum Vormunde soll nicht bestellt werden, wer durch Anordnung des Vaters oder der ehelichen Mutter des Mündels von der Vormundschaft ausgeschlossen ist.

§ 1783. Eine Frau, die mit einem anderen als dem Vater des Mündels verheiratet ist, soll nur mit Zustimmung ihres Mannes zum Vormunde bestellt werden.

§ 1784. Ein Beamter oder Religionsdiener, der nach den Landesgesetzen einer besonderen Erlaubnis zur Übernahme einer Vormundschaft bedarf, soll nicht ohne die vorgeschriebene Erlaubnis zum Vormunde bestellt werden.

§ 1865. Zum Mitgliede des Familienrats kann nicht bestellt werden, wer geschäftsunfähig oder wegen Geistesschwäche, Verschwendung oder Trunksucht entmündigt ist.

§ 1866. Zum Mitgliede des Familienrats soll nicht bestellt werden:

1. der Vormund des Mündels;
2. wer nach § 1781 oder nach § 1782 nicht zum Vormunde bestellt werden soll;
3. wer durch Anordnung des Vaters oder der ehelichen Mutter des Mündels von der Mitgliedschaft ausgeschlossen ist.

§ 1867. Zum Mitgliede des Familienrats soll nicht bestellt werden, wer mit dem Mündel weder verwandt noch verschwägert ist, es sei denn, daß er von dem Vater oder der ehelichen Mutter des Mündels benannt oder von dem Familienrat oder nach § 1864 von dem Vorsitzenden ausgewählt worden ist.

Die Praxis hat bisher gelehrt, daß bei den Vorschlägen von einem großen Teile der Waisenräte die Unfähigkeits- bzw. Untauglichkeitsgründe nicht beachtet worden sind, indem der Waisenrat auf das vom Vormundschaftsgericht an ihn gerichtete Ersuchen um Benennung eines Vormundes, Gegenvormundes oder Pflegers irgendeine in seinem Bezirke wohnende Person in Vorschlag gebracht hat, ohne vorher eine genaue Prüfung ihres Charakters, ihres Vorlebens und der Verhältnisse, in denen sie sich befindet, vorzunehmen. Daher ist es dann sehr oft vorgekommen, daß sich erst in dem zur Verpflichtung anberaumten Termine ergeben hat, daß die geladene Person sich zur Übernahme als unfähig bzw. untauglich erwies, und der Vormundschaftsrichter gezwungen wurde, den Geladenen zu entlassen und sich von neuem an den Waisenrat behufs Benennung einer andern Person zu wenden. Unter anderen ist es geschehen, daß in Preußen der Waisenrat auch Personen in Vorschlag gebracht hat, die gar nicht Preußen waren, also nach der Bestimmung der Preußischen Vormundschaftsordnung § 20 gar nicht gezwungen werden konnten, das ihnen zugedachte Amt anzunehmen. Das Bürgerliche Gesetzbuch hat seinen Charakter als dem eines gemeinsamen bürgerlichen Gesetzbuches entsprechend die Verpflichtung zur Übernahme der Vormundschaft an die Reichsangehörigkeit, nicht an die Staatsangehörigkeit in dem einzelnen Bundesstaat, in welchem die Bevormundung einzutreten hat, geknüpft. Für die Deutschen Bundesstaaten gilt in Zukunft der § 1785, wonach jeder Deutsche die Vormundschaft, für die er von dem Vormundschaftsgericht ausgewählt ist, annehmen muß, sofern nicht seiner Bestellung einer der in den §§ 1780 bis 1784 bestimmten Gründe entgegensteht. Damit ist für den Vormundschaftsrichter im Deutschen Reiche ein für allemal der Einwand beseitigt, daß der vom Gemeindewaisenrate in Vorschlag gebrachte, einem andern Bundesstaate angehörige Vormund die Übernahme der Vormundschaft verweigern kann.

Auf die einzelnen Unfähigkeitsgründe ist nicht näher einzugehen, da dieselben vom Gesetz so genau angegeben sind, daß darüber Zweifel nicht entstehen können; nur kurz sei erwähnt daß § 104 BGB. denjenigen als geschäftsunfähig bezeichnet, welcher nicht das siebente Lebensjahr vollendet hat, welcher sich in einem die freie Willensbestimmung ausschließenden Zustande krankhafter Störung der Geistestätigkeit befindet, sofern nicht der Zustand seiner Natur nach ein vorübergehender ist und derjenige, welcher wegen Geisteskrankheit entmündigt ist. Die vom Gesetz im § 1781 angegebenen Untauglichkeitsgründe bedürfen einiger Erläuterungen.

Minderjährig sind nach § 2 und 3 BGB. diejenigen Personen, die noch nicht das 21. Lebensjahr vollendet haben oder nach vollendetem 18. Lebensjahr nicht für volljährig erklärt sind; sonach können nur Volljährige, Vormund, Gegenvormund Pfleger oder Mitglied des Familienrates werden.

Nach § 1906 BGB. kann ein Volljähriger, dessen Entmündigung beantragt ist, unter vorläufige Vormundschaft gestellt werden; ein solcher Volljähriger ist somit von der Übernahme dieses Amtes ausgeschlossen.

In gleicher Weise kann ein Volljähriger, der nicht unter Vormundschaft steht, der aber einen Pfleger für seine Person und sein Vermögen erhalten hat, wenn er infolge körperlicher Gebrechen, inbesondere weil er taub, blind oder stumm ist, seine Angelegenheiten nicht zu besorgen vermag (§ 1910 BGB.), nicht zum Vormund bestellt werden.

Daß eine in Konkurs geratene Person während der Dauer des Konkurses sich nicht zum Vormund eignet, liegt auf der Hand, denn wer selbst nicht imstande gewesen ist, Ordnung in seinen Vermögensangelegenheiten zu halten, von dem kann man auch nicht annehmen, daß er in der Verwaltung fremder Güter sorgsamer sein wird.

Der Gemeindewaisenrat hat mithin, sobald ihm bekannt wird, daß der Gemeinschuldner eine Vormundschaft führt, dem Vormundschaftsgericht die Eröffnung des Konkurses mitzuteilen, damit dieses dann den betreffenden Vormund bis zur Beendigung des Konkurses oder wenn es mit Rücksicht auf die Verwaltung des Vermögens für geboten erachtet wird, ganz der Vormundschaft entsetzen und einen andern zuverlässigen Vormund verpflichten kann.

Endlich bezeichnet § 1781 Nr. 4 denjenigen als untauglich, welchem die bürgerlichen Ehrenrechte aberkannt sind. Nach § 34 RStGB. bewirkt die Aberkennung der bürgerlichen Ehrenrechte während der im Urteil bestimmten Zeit unter anderm die Unfähigkeit Vormund, Nebenvormund, Kurator, d. i. Pfleger, gerichtlicher Beistand oder Mitglied des Familienrates zu sein, es sei denn, daß es sich um Verwandte in absteigender Linie handele und die obervormundschaftliche Behörde oder der Familienrat die Genehmigung erteile. Es dürfte sich aber auch empfehlen, daß der Gemeindewaisenrat auch dann nicht Personen, welche mit dem Verluste der bürgerlichen Ehrenrechte bestraft waren, dieselben aber wiedererlangt haben, in Vorschlag bringt, da von diesen Personen kaum anzunehmen ist, daß sie gute Erzieher und sorgsame Vermögensverwalter für die Mündel sind. Dem Gemeindewaisenrat ist noch ganz besonders ans Herz zu legen, daß er eine Person, welche wegen Sittlichkeits- und Eigentumsvergehen bestraft ist oder offenkundig einen unsittlichen Lebenswandel führt oder ein Bettler, Trunkenbold, Landstreicher ist, zum Vormund nicht vorschlägt, da die sittliche Erziehung des Mündels durch derartige Personen ausgeschlossen ist.

Nach § 22 PrVormO. bedurfte derjenige, welcher ein Staatsamt oder besoldetes Amt in der Kommunal- und Kirchenverwaltung bekleidet, zur Führung einer von dem Vormundschaftsgericht eingeleiteten Vormundschaft der Genehmigung der zunächst vorgesetzten Behörde. Diese Bestimmung ist in § 1784 aufgenommen, denn es heißt darin: Ein Beamter oder Religionsdiener, der nach den Landesgesetzen einer besonderen Erlaubnis zur Übernahme einer Vormundschaft bedarf, soll nicht ohne die vorgeschriebene Erlaubnis zum Vormunde bestellt werden. Auch das PrAusfGzBGB. enthält in Art. 70 die Vorschrift:

„Wer ein Staatsamt oder ein besoldetes Amt in der Kommunal- oder Kirchenverwaltung bekleidet, bedarf zur Übernahme der Vormundschaft oder zur Fortführung einer vor dem Eintritt in das Amt übernommenen Vormundschaft die Erlaubnis der zunächst vorgesetzten Behörde. Das gleiche gilt für die Übernahme oder die Fortführung des Amtes eines Gegenvormundes, Pflegers oder Beistandes. Die Erlaubnis kann zurückgenommen werden. Notare bedürfen der Erlaubnis nicht."

Wird der Gemeindewaisenrat vom Vormundschaftsrichter um Benennung eines Mitgliedes des Familienrates angegangen, so möge er nur die §§ 1785 und 1786 beachten, und er wird damit ein wiederholtes Ersuchen vermeiden.

Der Gemeindewaisenrat hat in dritter Linie bei dem Vorschlag eines Vormundes die nachfolgenden Ablehnungsgründe zu beachten.

Der § 1786 Abs. 1 lautet:

Die Übernahme einer Vormundschaft kann ablehnen:

1. eine Frau;
2. wer das sechzigste Lebensjahr vollendet hat;
3. wer mehr als vier minderjährige eheliche Kinder hat; ein von einem anderen an Kindesstatt angenommenes Kind wird nicht gerechnet;
4. wer durch Krankheit oder durch Gebrechen verhindert ist, die Vormundschaft ordnungsmäßig zu führen;
5. wer wegen Entfernung seines Wohnsitzes von dem Sitze des Vormundschaftsgerichts die Vormundschaft nicht ohne besondere Belästigung führen kann;
6. wer nach § 1844 zur Sicherheitsleistung angehalten wird;
7. wer mit einem anderen zur gemeinschaftlichen Führung der Vormundschaft bestellt werden soll;
8. wer mehr als eine Vormundschaft oder Pflegschaft führt; die Vormundschaft oder Pflegschaft über mehrere Geschwister gilt nur als eine; die Führung von zwei Gegenvormundschaften steht der Führung einer Vormundschaft gleich.

Bevor auf die einzelnen Ablehnungsgründe kurz einzugehen ist, erlaubt sich der Verfasser zur Erleichterung der Arbeit und des Dienstes an alle Gemeindewaisenräte die Bitte zu richten, vor Benennung des Vormundes die zu benennende Person zu befragen, ob sie die ihr zu übertragende Vormundschaft ungeachtet eines ihr zustehenden gesetzlichen Ablehnungsgrundes annehmen will, da jedem Vormundschaftsrichter in der Praxis

wiederholt Fälle vorgekommen sind, in denen der in Vorschlag gebrachte Vormund, sei es vor oder im Termin, einen der gesetzlichen Ablehnungsgründe vorgebracht, den einmal angesetzten Verpflichtungstermin dadurch vereitelt und den Vormundschaftsrichter in die Lage versetzt hat, von neuem sich mit dem Gemeindewaisenrat wegen Benennung eines geeigneten Vormundes in Verbindung zu setzen. Nicht bloß die Arbeitszeit des Richters, sondern auch die der anderen Beamten wird dadurch unnütz vergeudet und außerdem das Schreibwerk, das möglichst eingeschränkt werden soll, vermehrt. Anlangend die einzelnen Ablehnungsgründe sei folgendes bemerkt:

Eine Frau, sei sie verheiratet oder unverheiratet, hat das Ablehnungsrecht. Der Gemeindewaisenrat kann eine Frau, sobald sie ihm als geeignet erscheint und auf das Ablehnungsrecht verzichtet, in Vorschlag bringen. Erwähnt sei hier, daß auch die Mutter eines unehelichen Kindes zur Übernahme der Vormundschaft vorgeschlagen werden kann, obwohl ihr nach § 1707 die elterliche Gewalt nicht zusteht. Das Vormundschaftsgericht hat es in der Hand, sie als Vormund auszuwählen und zu verpflichten, es wird jedoch in den meisten Fällen, wenn ihm vom Waisenrat der Vater der Kindesmutter als zur Übernahme der Vormundschaft geeignet bezeichnet wird, diesen als Vormund verpflichten, da er nach § 1776 Nr. 4 BGB. zu den vom Gesetz berufenen Vormündern gehört. Die Verpflichtung der Mutter des unehelichen Kindes als Vormund wird sich nur sehr selten empfehlen, da von einer solchen Person für die sittliche und gute Erziehung ihres Kindes keine Garantie geboten wird.

Weiter gestattet das Gesetz demjenigen, der bereits mehr als vier minderjährige, also mindestens fünf eheliche Kinder hat, die Übernahme einer Vormundschaft abzulehnen, und bestimmt, daß ein von einem anderen an Kindesstatt angenommenes Kind nicht gerechnet wird. Diese letzte Bestimmung weicht von der bisherigen Vorschrift des § 23 PrVormO. ab; ebenso auch die Vorschrift unter Nr. 5, denn während nach § 23 PrVormO. es nur heißt, daß derjenige, welcher nicht im Bezirke des Vormundschaftsgerichtes seinen Wohnsitz hat, die Übernahme der Vormundschaft ablehnen kann, bestimmt der § 1786, daß das Ablehnungsrecht derjenige hat, welcher wegen Entfernung seines Wohnsitzes von dem

Sitze des Vormundschaftsgerichtes die Vormundschaft nicht ohne besondere Belästigung führen kann. Das Nichtwohnen im Bezirk des Vormundschaftsgerichtes allein genügt demnach nicht zur Ablehnung, vielmehr wird es der Behauptung und des Nachweises bedürfen, daß der in Vorschlag gebrachte Vormund ohne Belästigung die Vormundschaft nicht führen kann.

Die weiteren Ablehnungsgründe bedürfen keiner näheren Erläuterung. Bemerkt sei nur noch, daß der Gegenvormund und Pfleger mit Rücksicht auf die §§ 1792 Abs. 4 und 1915 ein Ablehnungsrecht wie der Vormund haben.

Nach § 1869 ist niemand verpflichtet, das Amt eines Mitgliedes des Familienrates zu übernehmen; will also der vom Vormundschaftsgericht angegangene Gemeindewaisenrat eine Person als Mitglied des Familienrates benennen, so wird er, um ein nochmaliges Ersuchen des Vormundschaftsgerichtes im Falle der Weigerung des Vorgeschlagenen zu vermeiden, gut tun, sich der Annahme durch Rücksprache zu versichern.

In der Praxis werden als Ablehnungsgründe namentlich geltend gemacht die Führung von mehr als einer Vormundschaft, die Vollendung des 60. Lebensjahres und der Besitz von mehr als vier minderjährigen ehelichen Kindern. Alle drei Gründe sind jedenfalls vom Gemeindewaisenrat noch vor der Benennung sehr leicht festzustellen, da, wenn er eine Rücksprache mit der betreffenden Person aus persönlichen Gründen nicht nehmen will, er doch aus den von der Ortspolizei geführten Listen jederzeit ersehen kann, wie alt die betreffende Person ist und ob sie vier oder mehr minderjährige eheliche Kinder hat. Außerdem wird er auch aus den von ihm geführten Verzeichnissen sich vergewissern können, ob der Vorzuschlagende zwei Vormundschaften oder nur eine Vormundschaft oder Pflegschaft über mehrere Geschwister oder zwei Gegenvormundschaften führt. In Preußen sind von einem großen Teile der Waisenräte auf Grund der von dem Vormundschaftsgericht geführten Verzeichnisse und der ihnen vom Vormundschaftsgericht gemachten Mitteilungen Verzeichnisse über die in ihrem Bezirke eingeleiteten und bestehenden Vormundschaften und Pflegschaften angelegt worden. Die Anfertigung eines solchen Verzeichnisses empfiehlt sich aus den oben angeführten Gründen für die Gemeindewaisenräte des gesamten Deutschen Reiches, und erlaubt sich der Verfasser die Anlegung eines solchen mit folgenden Spalten in Vorschlag zu bringen:

Verzeichnis A.

1	2	3	4	5	6	7	8
Laufende Nummer	Aktenzeichen	Vor- und Zuname des Mündels	Geburtstag des Mündels	Namen des Vaters und der Mutter sowie Todestag derselben	Namen des Vormundes, Gegenvormundes, Pflegers	Namen der Mitglieder des Familienrats	Bemerkungen

Mit Rücksicht auf § 1851 Abs. 2 BGB. erachtet Verfasser die Anlegung eines zweiten Verzeichnisses B mit folgenden Spalten für erforderlich:

Verzeichnis B.

1	2	3	4	5	6	7	8
Laufende Nummer	Aktenzeichen	Vor- und Zuname des Mündels	Geburtstag des Mündels	Namen des Vormundes, Gegenvormundes	Bezeichnung des Bezirks, in welchem der Mündel bisher gewesen ist	Bezeichnung des Bezirks, in welchen der Mündel verzogen ist	Bemerkungen

Beide Verzeichnisse lassen sich vereinigen, indem man in das Verzeichnis A Nr. 6 und 7 des Verzeichnisses B einfügt.

Aus den Überschriften der einzelnen Spalten ersieht der Gemeindewaisenrat, welche Eintragungen er zu machen hat. Führt er die beiden Verzeichnisse mit der nötigen Sorgfalt, so wird er stets wissen, welche Mündel in seinem Bezirke wohnen, welche Personen seines Bezirkes Vormund, Gegenvormund,

Pfleger sind, wer von diesen mehr als eine Vormundschaft bzw. zwei Gegenvormundschaften führt, welche Mündel großjährig sind bzw. welche Vormundschaft durch Eintritt in die Großjährigkeit beendet ist und welche Mündel in seinem Bezirk verzogen sind.

Was die Personen anbetrifft, welche die Übernahme einer Vormundschaft aus dem Grunde ablehnen können, weil sie bereits mehr als eine Vormundschaft oder Pflegschaft führen, so ist zu erwähnen, daß es hier nicht ausgeschlossen ist, daß der Gemeindewaisenrat sie wieder vorschlagen kann, falls sich die betreffende Person bereit erklärt hat, noch eine weitere Vormundschaft führen zu wollen. Es ist deshalb durchaus notwendig, daß der Gemeindewaisenrat, bevor er eine solche Person vorschlägt, mit ihr Rücksprache nimmt und ihre Einwilligung einholt. Unterläßt er dies, so bereitet er dem Vormundschaftsgericht mehr Arbeit, als nötig ist, und verursacht der betreffenden Person nur unnütze Wege und Zeitversäumnisse, für die sie nicht einmal entschädigt werden kann.

Das Verzeichnis dient dem Gemeindewaisenrat noch in anderer Richtung. Wird ihm der Tod eines Mitgliedes seiner Gemeinde bekannt, so hat er in dem Verzeichnisse nachzusehen, ob der Tote Vormund war, und wenn er dies bestätigt findet, gemäß § 49 des Gesetzes über die Angelegenheiten der freiwilligen Gerichtsbarkeit dem Vormundschaftsgerichte sofort davon Mitteilung zu machen und zugleich eine andere Person vorzuschlagen, die sich zum Vormund eignet. Es werden dadurch unhaltbare Zustände, wie sie die Praxis häufig zeitigt, beseitigt, denn es bestehen Vormundschaften, bei welchen sich erst beim Vermieten der Minderjährigen oder bei ihrem Eintritt in die Lehre ergibt, daß der Vormund gestorben ist und somit der Minderjährige jahrelang ohne Aufsicht eines Vormundes gelebt hat. Das Vormundschaftsgericht ist infolge der von ihm geführten umfangreichen Verzeichnisse bei Eingang einer ihm vom Standesamte gemachten Todesanzeige nicht imstande, festzustellen, ob der Verstorbene eine oder mehrere Vormundschaften geführt hat, wohl aber kann dies der Gemeindewaisenrat auf Grund der von ihm geführten Verzeichnisse tun. Der Gemeindewaisenrat wird in solchen Fällen den Namen des bisherigen Vormundes zu durchstreichen und an seine Stelle den Namen des ihm vom Vormundschaftsgericht mitgeteilten neuen Vormundes zu setzen haben. Ebenso wird der Gemeindewaisenrat auf Grund der Geburtstage der Mündel prüfen können, ob die Vormundschaft erledigt ist, und eine Person, die bisher als Vormund verpflichtet war und dadurch frei geworden ist, wieder von neuem als Vormund in Vorschlag bringen können. In der mit Bemerkungen überschriebenen Spalte sind z. B. der Wechsel der Wohnung des Mündels oder Vormundes, sowie die Abgabe der Vormundschaft an ein anderes Gericht, sowie andere die Vormundschaft betreffenden Tatsachen einzutragen.

Es dürfte sich auch empfehlen, daß der Waisenrat sich neben den oben näher angegebenen Verzeichnissen noch ein alphabetisches Verzeichnis in einem Oktavheft anlegt und unter verschiedenen Spalten das Alter des Vormundes, das Aktenzeichen der Vormundschaft oder Pflegschaftssache und die Namen der Mündel einträgt, damit er sofort Auskunft geben kann und nicht erst lange zu suchen hat, z. B.

Name des Vormundes	Name des Gegenvormundes	Aktenzeichen	Geburtstag bzw. Alter des Vormundes	Namen der Mündel
Karl Anders	Fritz Jaeckel	VII. G. 187. Görlitz	5. 1. 1857 bzw. 20. 11. 1863	Geschwister Menzel

Eine sorgfältige und genaue Führung der Verzeichnisse kann nicht genug empfohlen werden, da sich aus einem solchen Verzeichnisse der Gemeindewaisenrat zu jeder Zeit auf Anfrage des Vormundschaftsgerichts über Aufenthalt des Mündels und des Vormundes äußern kann.

Nach § 1851 Abs. 2 BGB. hat das Vormundschaftsgericht dem Gemeindewaisenrate die Anordnung der Vormundschaft über einen in dessen Bezirk sich aufhaltenden Mündel unter Bezeichnung des Vormundes und Gegenvormundes, sowie einen in der Person des Vormundes oder Gegenvormundes eintretenden Wechsel mitzuteilen.

Dem Vormund steht nach § 1783 BGB. das Recht für die Person zu sorgen zu. Das Recht und die Pflicht des Vormundes, für die Person des Mündels zu sorgen, bestimmt sich gemäß § 1800 BGB. nach den Vorschriften über die elterliche Gewalt. Letztere sind in den §§ 1631 bis 1633 enthalten.

Der § 1631 Abs. 1 lautet wörtlich:

Die Sorge für die Person des Kindes umfaßt das Recht und die Pflicht, das Kind zu erziehen, zu beaufsichtigen und seinen Aufenthalt zu bestimmen.

Sonach kann der Mündel nicht willkürlich seinen Aufenthalt bestimmen, sondern er kann dies nur mit Genehmigung des Vormundes tun. Aus dieser Bestimmung geht deutlich hervor, daß der Vormund sich stets um den Aufenthalt seines Mündels zu kümmern hat und daß er, wenn er diese Pflicht verletzt, durch Ordnungsstrafen angehalten werden kann, seiner Pflicht zu genügen. Aus dieser Pflicht entspringt aber die Verpflichtung, welche Abs. 2 des § 1851 BGB. dem Vormunde auferlegt. Der Vormund hat, wenn der Mündel seinen Aufenthalt in den Bezirk eines anderen Gemeindewaisenrats verlegt, dem Gemeindewaisenrat des bisherigen Aufenthaltsortes und dieser dem Gemeindewaisenrat des neuen Aufenthaltsortes die Verlegung mitzuteilen. Beide kommen, wie die Praxis bisher gezeigt hat, nur in den seltensten Fällen dieser Verpflichtung nach. Die Vormünder kümmern sich sehr oft um ihre Mündel nicht, sie überlassen dieselben ihrem Schicksal und wissen meist nicht, ob ein Mündel noch in ihrem Bezirk oder noch in derselben Wohnung, wo es bei Einleitung der Vormundschaft sich befand, aufhält, und der Waisenrat achtet infolge des Unterlassens der Anzeige seitens des Vormundes nicht darauf, ob ein Mündel aus oder in seinem Bezirk verzogen ist. Beiden muß die Beachtung des zweiten Absatzes des § 1851 dringend empfohlen werden, damit Mündel, welche zu Leichtsinn und Liederlichkeit neigen und ihren Wohnsitz mit einem neuen oft nur deshalb vertauschen, um möglichst weit von dem Vormunde und dem Waisenrate ihres Bezirks entfernt zu sein, von dem Gemeindewaisenrate des neuen Aufenthaltsortes beobachtet und nötigenfalls auf den richtigen Weg gebracht werden können. Die Praxis bietet hinreichend Beispiele davon, daß Mündel vom Lande nach der Stadt ziehen und sich in den Fabriken ihren Unterhalt suchen, um in ihren Bewegungen freier und einer Kontrolle durch den Gemeindewaisenrat enthoben zu werden. Gerade für solche Fälle ist die Beobachtung der gesetzlichen Bestimmung dringend geboten, und es dürfte sich gleichzeitig sehr empfehlen, daß der Gemeindewaisenrat, sobald er von dem Vormunde die Nachricht von dem Verzuge des Mündels nach der Stadt erhält, sofort dem Gemeindewaisenrat der betreffenden Stadt mit der Anzeige des Verzuges auch eine Schilderung des Lebens und des Charakters des betreffenden Mündels zukommen läßt.

Sicherlich würde durch eine derartige rechtzeitige Anzeige mancher Mündel vor dem Untergange behütet werden können, zumal, da der Gemeindewaisenrat des neuen Aufenthaltsortes ebenso wie der des bisherigen Aufenthaltsortes unzweifelhaft auch befugt ist, den in seinen Bezirk verzogenen Mündel in seiner Wohnung aufzusuchen, um sich durch eigene Anschauung davon zu überzeugen, wie derselbe gehalten wird, und falls er Ungehörigkeiten in der körperlichen Pflege und in der sittlichen Erziehung wahrnimmt, auf Abstellung durch den Vormund bzw. durch das Vormundschaftsgericht zu dringen bzw. dahin zu wirken, daß ein neuer energischer Vormund verpflichtet wird. Verzieht ein Mündel nur nach der Stadt seines sonstigen Gerichtsbezirkes, so wird ein neuer Vormund in solchen Fällen nicht zu bestellen sein, sondern es ist die Pflicht des Vormundes, das Verhalten des Mündels in der Stadt zu beobachten, und wenn er findet, daß der Mündel unrichtige Wege geht, darauf zu dringen, daß der Mündel entweder auf das Land zurückkommt oder unter eine Aufsicht gestellt wird, die es dem Mündel unmöglich macht, die schlechten Wege weiter zu betreten. Den Gemeindewaisenräten sei endlich dringend empfohlen, daß sie mit den in ihrem Bezirke sich aufhaltenden Vormündern und Mündeln in engere Beziehungen treten und dahin wirken, daß die Vormünder ihren vom Gesetz ihnen auferlegten Pflichten nachkommen und daß die Mündel die Fürsorge genießen, welche sie vor Verrohung und dem damit in Verbindung stehenden Untergang behütet. Der Gemeindewaisenrat möge auch in den Fällen, wo ihm durch Zufall davon Mitteilung wird, daß ein Mündel aus seinem Bezirk verzogen ist, dem Vormundschaftsgericht Anzeige erstatten, damit dieses dann den Vormund verwarnen und, wenn Verwarnungen ohne Erfolg bleiben, mit Ordnungsstrafen, deren Höchstbetrag bis zu 300 Mark geht, zur Befolgung seiner Anordnungen nach § 1837 anhalten kann. Es ist dringend notwendig, daß bei der Verwilderung und Verrohung der heutigen Jugend die Vormünder angehalten werden, den Aufenthalt ihres Mündels nie aus dem Auge zu verlieren, sondern stets in der Lage zu sein, denselben dem Vormundschaftsgericht und Gemeindewaisenrate angeben zu können, damit diese über das Leben und Treiben des Mündels Erkundigungen einziehen und Maßregeln treffen können, um den Mündel eventuell auf die richtigen Wege zu bringen und nach § 1838 BGB. zum Zwecke der Erziehung in eine geeignete Familie oder in eine Erziehungsanstalt oder eine Besserungsanstalt unterzubringen.

Art. 77 Ausf.Ges.z.BGB. enthält die Bestimmung, daß dem Gemeindewaisenrat zur Unterstützung Frauen als Waisenpflegerinnen zur Seite gestellt werden können, damit diese unter Leitung des Gemeindewaisenrats bei der Beaufsichtigung der im Kindesalter stehenden Mündel und bei der Überwachung weiblicher Mündel mitwirken. Die Zuständigkeit für die Bestellung bestimmt sich nach den für die Bestellung der Waisenräte maßgebenden Vorschriften.

Verfasser hofft, von dieser in Görlitz bereits ins Leben getretenen Einrichtung, der sich die zu Waisenpflegerinnen verpflichteten Frauen und Jungfrauen mit großer Aufopferung und Liebe unterzogen haben, den besten Erfolg für die Mündel und richtet an die ländlichen Waisenräte die Bitte, Waisenpflegerinnen verpflichten zu lassen und mit diesen Hand in Hand zum Wohle der Mündel tätig zu sein. Sicherlich werden die Kreisausschüsse gern die Hand dazu bieten und die Verpflichtungen der Waisenpflegerinnen veranlassen.

Die Hauptaufgabe des Gemeindewaisenrates, welche ihn auch zum Hilfsorgan des Vormundschaftsgerichtes macht, enthält der § 1850 BGB.

Nach § 53 PrVormO. beschränkte sich die Aufsichtspflicht des Waisenrates auf die Überwachung der persönlichen Interessen des Mündels. Nach § 1850 Abs. 1 BGB. hat der Gemeindewaisenrat in Unterstützung des Vormundschaftsgerichtes darüber zu wachen, daß die Vormünder der sich in seinem

Bezirk aufhaltenden Mündel insbesondere für ihre Erziehung und ihre körperliche Pflege pflichtmäßig Sorge tragen und Mängel und Pflichtwidrigkeiten, die sie in dieser Hinsicht wahrnehmen, anzeigen und auf Erfordern über das persönliche Ergehen und das Verhalten eines Mündels Auskunft erteilen. Auf Verlangen des Vormundschaftsgerichtes ist der Gemeindewaisenrat daher verpflichtet, über das persönliche Verhalten und Ergehen des Mündels sich zu äußern; er wird Anfragen, die das Vormundschaftsgericht im Falle der Eheschließung eines Mündels, der Wahl des Berufs, der Dienste und Arbeitsverhältnisse an ihn stellt, beantworten müssen und dadurch dem Vormundschaftsrichter unentbehrlich sein. Nach Abs. 2 desselben Paragraphen ist dem Gemeindewaisenrate sogar eine beschränkte Aufsichtspflicht hinsichtlich der Verwaltung des Vermögens der Mündel auferlegt, indem er dem Vormundschaftsgerichte Anzeige zu machen hat, wenn er von einer Gefährdung des Vermögens eines Mündels Kenntnis erhält. Eine unangemessene Einmischung des Gemeindewaisenrates in die Vermögensverwaltung des Vormundes ist jedoch ausgeschlossen. Wenn dem Gemeindewaisenrate im § 1850 auch nur die Anzeige der von ihm wahrgenommenen Mängel und Pflichtwidrigkeiten des Vormundes bei Ausübung der Sorge für die Person des Mündels und die Anzeige der erfolgten Gefährdung des Vermögens des Mündels ausdrücklich zur Pflicht gemacht ist, so wird es, wie in dem Deutschen Vormundschaftsrecht vom Landrichter August Fuchs S. 73 unter Nr. 4 gesagt ist, im Sinne des Gesetzes doch als ein Recht und damit als eine Pflicht des Gemeindewaisenrates anzusehen sein, wo dies möglich ist, seinerseits auch unmittelbar gegenüber dem Vormund bzw. dem Erzieher des Mündels durch Rat, Vorstellung und Ermahnung einzugreifen.

Der Gemeindewaisenrat wird mit Rücksicht auf die ihm damit gesetzlich auferlegte Pflicht schon bei der Wahl des Vormundes und Gegenvormundes darauf achten müssen, daß er bei Vormundschaften mit Vermögensverwaltung zuverlässige und geschäftskundige Personen vorschlägt, damit er nicht gezwungen wird, Pflichtwidrigkeiten der von ihm benannten Personen zur Anzeige zu bringen. Erwähnt sei übrigens hier noch, daß die Pflichten des Gegenvormundes abweichend von denen der PrVormO. bedeutend erweitert worden sind, da er nach § 1799 BGB. darauf zu achten hat, daß der Vormund die Vormundschaft pflichtmäßig führt und dem Vormundschaftsgerichte Pflichtwidrigkeiten des Vormundes sowie jeden Fall unverzüglich anzuzeigen hat, in welchem das Vormundschaftsgericht einzuschreiten hat. Das Gesetz hat ihm besonders auch auferlegt, den Tod des Vormundes oder den Eintritt eines anderen Umstandes, infolge dessen das Amt des Vormundes endigt oder die Entlassung des Vormundes erforderlich wird, anzuzeigen, und ihm das Recht verliehen, von dem Vormunde Auskunft über die Führung der Vormundschaft und die Einsicht der sich auf die Vormundschaft beziehenden Papiere zu verlangen.

Wenn der Gemeindewaisenrat diese dem Gegenvormunde vom Gesetz eingeräumte Stellung beachtet, so wird er Personen zu Gegenvormündern benennen müssen, welche auch imstande sind, eine gewisse Aufsicht und Kontrolle über den Vormund zu führen. Der Gemeindewaisenrat würde fehlgreifen, wenn er Personen benenne, die ihrer Bildung nach unter dem Vormunde stehen, und daher leicht in den Fehler verfallen, den Vormund zu schikanieren und dem Vormundschaftsrichter unnütze Arbeit zu machen; ebenso würde der Gemeindewaisenrat einen Mißgriff tun, wenn er eine Person als Gegenvormund in Vorschlag bringt, welche außerstande ist, den Vormund zu beaufsichtigen, da dies nur dahin führen könnte, daß der Vormund in dem Gefühle, nicht beaufsichtigt zu werden, sich Übergriffe und Unredlichkeiten bezüglich des Mündelvermögens erlaubt.

Nach § 1675 und § 1686 BGB. hat der Gemeindewaisenrat die Verpflichtung, dem Vormundschaftsgericht Anzeige zu erstatten, wenn ein Fall zu seiner Kenntnis kommt, in welchem das Vormundschaftsgericht zum Einschreiten berufen ist.

Das bürgerliche Gesetz kennt drei Fälle, in denen dies geschehen muß, und zwar:

1. wenn der Vater oder die Mutter, welche nach dem Tode des Vaters die elterliche Gewalt hat, an der Ausübung der elterlichen Gewalt verhindert ist (§ 1665 BGB.);
2. wenn das geistige und leibliche Wohl des Kindes dadurch gefährdet wird, daß der Vater oder die Mutter das Recht der Sorge für die Person des Kindes mißbraucht, das Kind ver-

nachlässigt oder sich eines ehrlosen oder unsittlichen Verhaltens schuldig macht (§ 1666 BGB.);

3. wenn das Vermögen des Kindes dadurch gefährdet wird, daß der Vater die mit der Vermögensverwaltung oder die mit der Nutznießung verbundenen Pflichten verletzt oder selbst in Vermögensverfall gerät (§ 1667 BGB.).

Der Gemeindewaisenrat hat aber außer den vorstehenden drei Fällen auch dann dem Vormundschaftsgericht Anzeige zu machen, wenn ein Interessengegensatz zwischen Vater und Kind eintritt und die Entziehung der Vertretung für gewisse Geschäfte oder Gebiete erforderlich ist (§§ 1680, 1796), wenn der Vater den von Dritten für Zuwendung an das Kind getroffenen Verwaltungsvorschriften zuwiderhandelt (§ 1639 BGB.), bei Rechtsgeschäften, zu denen der Vater die Genehmigung des Vormundschaftsgerichts einholen muß (§§ 1643, 1828—1831 BGB.), ob dem Vater, der im Konkurs gewesen ist, die Verwaltung des Kindervermögens wieder übertragen werden soll (§ 1647 BGB.) und endlich, wenn Ereignisse eintreten, die es wünschenswert erscheinen lassen, die in dergleichen Fällen getroffenen Anordnungen des Vormundschaftsgerichts wieder zu ändern (§ 1671 BGB.). Ein Recht zur Vertretung des Mündels hat der Gemeindewaisenrat nicht, auch Zwangsbefugnisse gegen Eltern, Vormünder, Gegenvormünder, Pfleger oder Mündel stehen dem Gemeindewaisenrat nicht zu.

In den oben unter Nr. 1—3 aufgeführten Fällen hat das Vormundschaftsgericht auf die Anzeige des Waisenrates hin, einen Vormund gemäß § 1773 BGB. oder einen Pfleger nach § 1909 BGB. zu bestellen. In dem dritten Fall des § 1667 BGB. muß das Vormundschaftsgericht auf die Anzeige des Vormundes die zur Sicherung des Vermögens des Mündels erforderlichen Maßregeln — Einreichung des Vermögensverzeichnisses des Mündels und Rechnungslegung über die Verwaltung des Mündelvermögens — verlangen.

Nur der unter Nr. 2 gedachte Fall steht mit dem Fürsorgeerziehungsgesetz v. 2. Juli 00 in Verbindung und ist für den Waisenrat von besonderem Interesse.

Das unter dem 2. Juli 00 gegebene und am 1. April 01 in Kraft getretene Gesetz, betr. die Fürsorgeerziehung Minderjähriger bestimmt im § 1:

Ein Minderjähriger, welcher das achtzehnte Lebensjahr noch nicht vollendet hat, kann der Fürsorgeerziehung überwiesen werden:

1. wenn die Voraussetzungen des § 1666 oder des § 1838 des Bürgerlichen Gesetzbuches vorliegen und die Fürsorgeerziehung erforderlich ist, um die Verwahrlosuug des Minderjährigen zu verhüten;
2. wenn der Minderjährige eine strafbare Handlung begangen hat, wegen der er in Anbetracht seines jugendlichen Alters strafrechtlich nicht verfolgt werden kann und die Fürsorgeerziehung mit Rücksicht auf die Beschaffenheit der Handlung, die Persönlichkeit der Eltern oder sonstigen Erzieher und die übrigen Lebensverhältnisse zur Verhütung weiterer sittlicher Verwahrlosung des Minderjährigen erforderlich ist;
3. wenn die Fürsorgeerziehung außer diesen Fällen wegen Unzulänglichkeit der erziehlichen Einwirkung der Eltern oder sonstigen Erzieher oder der Schule zur Verhütung des völligen sittlichen Verderbens des Minderjährigen notwendig ist.

Nach dem bisher geltenden Gesetze vom 13. März 78, betreffend die Unterbringung verwahrloster Kinder in Zwangserziehung konnte das Vormundschaftsgericht diese für erforderlich erklären, wenn ein Kind nach Vollendung des sechsten und vor vollendetem zwölften Lebensjahre eine strafbare Handlung beging. Hiernach war Erfordernis der Unterbringung eines Kindes in Zwangserziehung nur das Begehen einer strafbaren Handlung seitens eines Kindes, welches das sechste Lebensjahr überschritten, das zwölfte Lebensjahr aber noch nicht vollendet hatte. Das am 1. April 01 in Kraft getretene Fürsorgeerziehungsgesetz Minderjähriger hat die Altersgrenze der in Fürsorgeerziehung zu nehmenden Kinder nach unten vollständig beseitigt und damit es für zulässig erklärt, daß selbst Kinder, welche noch nicht schulpflichtig im frühesten Lebensalter stehen, in Fürsorgeerziehung genommen werden können. Nach oben hat das Gesetz die Altersgrenze auf das 18. Lebensjahr festgesetzt und im § 13 bestimmt, daß die Fürsorgeerziehung mit der Minderjährigkeit, also mit vollendetem 21. Lebensjahr, endigt.

Das Fürsorgeerziehungsgesetz aber beschränkt die Unterbringung von Kindern in Fürsorgeerziehung nicht bloß auf den Fall, daß das Kind eine strafbare Handlung begangen hat, sondern es läßt auch, wie der oben angegebene § 1 ergibt, die Fürsorgeerziehung in zwei anderen Fällen zu.

Nach den zu dem Gesetz von dem Herrn Minister des Innern unter dem 18. Dez. 00 erlassenen Ausführungsbestimmungen sind die Gemeindewaisenräte anzuweisen, den zur Stellung des Antrages auf Unterbringung von Kindern in Fürsorgeerziehung berechtigten und verpflichteten Behörden alle die Fälle zur Kenntnis zu bringen, in denen die Fürsorgeerziehung Minderjähriger zum Zwecke der Verhütung ihrer Verwahrlosung notwendig erscheint. Nach § 4 des Gesetzes sind zur Stellung des Antrags berechtigt und verpflichtet der Landrat und bei Städten über 10000 Einwohnern Landrat und auch Magistrat; in Stadtkreisen der Gemeindevorstand — Magistrat und der Vorsteher der Königlichen Polizeibehörde.

Die Gemeindewaisenräte haben mithin alle die Fälle, in denen Kinder von den Eltern oder Erziehern mißhandelt, vernachlässigt oder körperlich oder geistig verwahrlost werden, oder eine strafbare Handlung begangen haben oder sich einem ungeordneten liederlichen Lebenswandel ergeben, dem zu wehren die Kirche, Schule und das Elternhaus machtlos sind, den vorgenannten Behörden unmittelbar oder dem Vormundschaftsrichter direkt anzuzeigen, da dieser nach § 4 des Gesetzes auch von Amts wegen die Fürsorgeerziehung beschließen kann.

Nimmt also der Gemeindewaisenrat wahr, daß ein Kind seines Bezirkes von seinen Eltern gemißhandelt, ihm die körperliche Pflege versagt, daß Kind zu überanstrengenden, der geistigen und körperlichen Entwickelung schädlichen Arbeiten gezwungen und in einer die Zwecke der Schule gefährdenden Weise vom Schulbesuche abgehalten wird, so ist es seine Pflicht, den obengenannten Behörden Anzeige zu erstatten und mit der Anzeige auch die Beweismittel anzugeben. Ein gleiches liegt ihm ob, wenn er wahrnimmt, daß die Eltern die ihnen gebotene Gelegenheit zur Pflege und zum Unterrichte nicht vollsinniger Kinder hartnäckig zurückweisen oder ihre Kinder vom Verkehr mit verbrecherischen Personen und der Begehung von Straftaten nicht abhalten, oder wenn er in Erfahrung bringt, daß der Vater oder die Mutter der Trunksucht, Landstreicherei, Bettelei, des gewohnheitsmäßigen Diebstahls, der Kuppelei oder eines anderen ehrlosen Verhaltens sich schuldig machen. Ganz selbstverständlich ist es, daß der Gemeindewaisenrat alle Fälle in denen es sich um ein Mündel handelt, zur Anzeige bringt, da § 1 des Gesetzes die Fürsorgeerziehung zuläßt, wenn die Voraussetzung des § 1838 BGB. vorliegt und die Verwahrlosung des Mündels verhütet werden soll.

Der Gemeindewaisenrat endlich hat die Verpflichtung, auf das Leben und Gebaren der Minderjährigen seines Bezirks selbst zu achten und die Fälle, in denen Minderjährige, ohne daß ein Verschulden der Eltern vorliegt, verwahrlosen und die erziehliche Einwirkung der Eltern oder sonstiger Erzieher oder der Schule nicht ausreichen, um ein völliges sittliches Verderben des Minderjährigen zu verhüten, den Behörden oder dem Vormundschaftsrichter anzuzeigen. Nimmt der Gemeindewaisenrat also wahr, daß sich die Kinder der Aufsicht der Eltern oder ihrer Erzieher entziehen oder widersetzen, gegen deren Willen sich in schlechter Gesellschaft, wo sie Anreizung zum liederlichen Leben und zur Begehung von Straftaten finden, bewegen oder der gewerblichen Unzucht sich ergeben oder ihr zu verfallen drohen, so möge er ungesäumt den oben erwähnten Behörden Anzeige erstatten und nicht erst abwarten, bis die Verwahrlosung eingetreten ist, weil dann die Fürsorgeerziehung weniger Aussicht auf Erfolg hat, als wenn die Verwahrlosung zu beginnen droht.

Der Antrag auf Unterbringung in Fürsorgeerziehung wird von den nach § 4 des Gesetzes dazu berechtigten und verpflichteten Behörden bei dem Vormundschaftsgericht gestellt, und dieses beschließt, nachdem es die Eltern, den gesetzlichen Vertreter des Minderjährigen, diesen selbst, den Gemeindevorstand, den Geistlichen und den Leiter oder Lehrer der Schule gehört hat.

Empfehlen wird es sich, daß der Gemeindewaisenrat die Fälle, in denen Fürsorgeerziehung eintreten soll, der zuständigen Behörde direkt übermittelt, da diese durch die ihr zu Gebote stehenden Organe die erforderlichen Ermittelungen anstellen und sich schlüssig machen kann, ob sie den ihr unterbreiteten Fall für geeignet hält, dem Vormundschaftsgericht zur Beschlußfassung zu unterbreiten. Nur in den Fällen, wo Gefahr im Verzuge ist und es geboten erscheint, den betreffenden Minderjährigen so schnell wie möglich den schädlichen Einflüssen zu entziehen, möge der Gemeindewaisenrat seine Mitteilung dem Vormundschaftsrichter direkt zugehen lassen, damit dieser dann auf Grund des § 5 des Gesetzes die vorläufige Unterbringung des Minderjährigen in Fürsorgeerziehung veranlassen kann. Wenn z. B. ein junges Mädchen von den Eltern der Kuppelei preisgegeben wird oder selbst den Hang zur Unzucht an den Tag legt, so ist ein solcher Fall möglichst schnell dem Vormundschaftsrichter zu unterbreiten, damit dieser das betreffende Mädchen in eine Besserungsanstalt für weibliche Minderjährige unterbringen lassen und dadurch vor dem völligen Untergange retten kann.

Die Fürsorgeerziehung erfolgt nach § 2 des Gesetzes unter öffentlicher Aufsicht in einer geeigneten Familie oder in einer Erziehungsanstalt oder in einer Besserungsanstalt. Die Ausführung der Fürsorgeerziehung liegt dem Kommunalverbande, das ist nach § 14 des Gesetzes dem Provinzialverbande ob, der Landeshauptmann der jeweiligen Provinz bestimmt, ob der Minderjährige in einer geeigneten Familie oder in einer Erziehungs- oder Besserungsanstalt untergebracht wird, und führt bis zur Beendigung der Fürsorgeerziehung die Aufsicht. Um nun das Kind einer Familie in Fürsorgeerziehung geben zu können, ist es notwendig, daß dem Landeshauptmann die Namen der Familien, die sich zur Übernahme der Fürsorgeerziehung eignen, mitgeteilt werden.

Die Ausführungsbestimmungen des Herrn Ministers des Innern enthalten die Anweisung für den Gemeindewaisenrat, dies zu tun. Der Gemeindewaisenrat ist daher verpflichtet, solche Familien ausfindig zu machen und die Namen derselben dem Landrat bzw. Magistrat behufs weiterer Mitteilung an den Landeshauptmann seiner Provinz bekannt zu geben. Bevor der Gemeindewaisenrat dies tut, möge er sorgfältig und gewissenhaft prüfen, ob auch die Familie sich eines tadellosen Leumundes erfreut und für eine sittliche Erziehung der Minderjährigen die erforderliche Garantie bietet. Insonderheit wolle der Gemeindewaisenrat nur solche Familien namhaft machen, von denen er überzeugt ist, daß sie nicht aus Eigennutz wegen der mit der Unterbringung des Minderjährigen in Verbindung stehenden Geldentschädigung für den Unterhalt die Fürsorgeerziehung übernehmen, sondern lediglich aus Interesse für den Minderjährigen, um ihn durch ihre Sorge vor der Verwahrlosung zu hüten und auf die Bahnen einer sittlich-religiösen Erziehung zu leiten.

Nach § 11 des Gesetzes ist für jeden Minderjährigen, welcher in einer Familie zur Fürsorgeerziehung untergebracht wird, ein Fürsorger zu bestellen, welcher die Erziehung und Pflege des Minderjährigen in der Familie zu überwachen hat. Fürsorger können Männer oder Frauen werden, für weibliche Minderjährige sollen insbesondere letztere bestallt werden. Aufgabe des Gemeindewaisenrats ist es, solche ausfindig zu machen und dem Landrat bzw. Magistrat zur weiteren Mitteilung an den Landeshauptmann anzuzeigen. Der Gemeindewaisenrat möge auch hierbei die größte Vorsicht ausüben und nur solche Personen in Vorschlag bringen, welche sich eines tadellosen Rufes erfreuen und den richtigen Takt besitzen, daß sie nicht durch unzeitige oder ungerechtfertigte Erinnerungen die Familie, welche die Fürsorgeerziehung übernommen hat, belästigen und schließlich dahin bringen, daß sie die Fürsorgeerziehung des ihr anvertrauten Minderjährigen aufgibt.

III. Geschäftsverkehr des Gemeindewaisenrates mit dem Vormundschaftsgericht.

Für den Geschäftsverkehr des Vormundschaftsgerichts mit dem Gemeindewaisenrat ist die größte Einfachheit zu empfehlen. Insbesondere sind Anfragen und Antworten, soweit es geht, beiderseits in Urschrift auf dem die Veranlassung gebenden Blatte zu befördern. Bei den Anfragen an ländliche Gemeindewaisenräte wird man zweckmäßigerweise das betreffende Blatt, welches die Anfrage enthält, mit dem Vermerke „gegen Rückgabe" versehen, damit nicht die Urschrift aus Mißverständnis zurückbehalten und der Zweck der Vereinfachung verfehlt wird. In dieser kurzen Weise wird der Geschäftsverkehr bedeutend erleichtert und der Geschäftsgang beschleunigt, auch jedes unnötige Schreibwerk vermieden. Wohnt z. B. der Mündel, über welchen der Gemeindewaisenrat um Benennung eines Vormundes oder um Äußerung über Führung des Mündels ersucht wird, in einem anderen Bezirk oder Orte, so hat der Gemeindewaisenrat das Ersuchen des Vormundschaftsgerichts in Urschrift an den zuständigen Gemeindewaisenrat weiter zu geben und dieser hat das Ersuchen mit dem Namen des zu verpflichtenden Vormundes bzw. mit der Äußerung über die Führung des Mündels zu versehen und dem Vormundschaftsgericht zurückzusenden.

IV. Geschäftsführung des Gemeindewaisenrats.

Das Amt des Gemeindewaisenrats ist nach Art. 77 des AusfGeszBGB. ein unentgeltliches Gemeindeamt, es kann daher der Gemeindewaisenrat von der Gemeinde eine Entschädigung nicht beanspruchen. Die Gemeinden haben aber mit den übrigen Kosten der Gemeindeverwaltung auch das Porto für alle amtlichen Sendungen des Gemeindewaisenrats zu tragen. Der Gemeindewaisenrat kann auch die Anschaffung des Schreibgeräts von der Gemeinde ersetzt verlangen, da ihm nicht zugemutet werden kann, die ihm durch sein Amt auferlegten Auslagen aus eigenen Mitteln zu bestreiten. In Preußen hat das Ministerium des Innern und der Finanzen unter dem 6. September 1876 MBl. f. i. V. 1876 S. 185 angeordnet, daß sämtliche an das Vormundschaftsgericht und den Vormund zu sendenden Briefe mit Freimarken zu versehen sind. Dementsprechend dürften auch in den übrigen Bundesstaaten seitens der Verwaltungsbehörden Anordnungen getroffen sein, daß die Gemeindewaisenräte ihre baren Auslagen aus der Gemeindekasse ersetzt erhalten.

Um sich aber der Gemeinde gegenüber hinsichtlich der gemachten Auslagen zu decken, möge der Gemeindewaisenrat ein Ausgabenbuch mit folgenden Spalten anlegen.

Laufende Nummer	Gegenstand der Anschaffung	Namen des Geschäftes, wo gekauft ist	Kurzer Inhalt des Briefes	Name des Adressaten	Datum des Kaufes bzw. der Absendung	Betrag M	Betrag ₰	Bemerkungen

Die Quittungen über die bezahlten Posten sind aufzuheben und mit der Nummer des Ausgabenbuches, unter welcher sie darin verzeichnet sind, zu versehen. Das Ausgabenbuch kann dann jederzeit mit den Belägen der Gemeinde zur Begleichung vorgelegt werden.

Sachregister.

Die Zahlen verweisen auf die Seiten des Textes

Ablehnungsgründe 9, 28, 30.
Ablehnungsrecht 29.
Abwesende 16, 17.
Abwesenheitspfleger 16.
Altersgrenze beseitigt 16.
Amt 9, 16.
Amtmann 11.
Amtsvorsteher 11.
Antrag zur Fürsorgeerziehung 42.
Arbeitsverhältnis 36, 37.
Armendeputation 13.
Armenvorsteher 13.
Aufenthalt 17, 34.
Aufenthaltsort 34.
Aufsicht, öffentl. 10, 11.
Aufsichtsbehörde 10, 13.
Ausgabenbuch 46.
Auslagen 46.
Ausübung der elterlichen Gewalt 36.
Beamter 24, 27.
Beaufsichtigen 34.
Behörde 9.
Beistand 18, 27.
Bekenntnis 21.
Benennung der Fürsorger 44.
Beruf 36.
Berufen 23.
Berufung 23.
Beschwerde 10.
Besprechung 12.
Besserungsanstalt 43.
Bettelei 41.
Bettler 27.
Bezirksvorsteher 13.
Bezirksausschuß 10.
Blind 15.
Bürgerliche Ehrenrechte 27.
Bürgermeister 11
Bundesstaat 25.

Charakter 25, 35.

Deutscher 25.
Dienstverhältnis 36.
Disziplinarische Maßregeln 10.

Ehe 16, 21.
Ehegatte 23.
Eheschließung 21, 37.
Ehrenrechte 27.
Ehrloses Verhalten 39.
Eigentumsvergehen 27.
Eltern 41.
Elterliche Gewalt 15, 18, 19, 22, 29.
Entfernung des Wohnsitzes 28.
Entmündigung 15, 26.
Entschuldigungsgründe 9.
Erziehen 34.
Erziehung 17, 21, 29.
Erziehungsanstalt 43.

Fabrik 35.
Familie 36, 43.
Familien zur Übernahme der Fürsorge geeignet 43.
Familienrat 15, 27, 28.
Familienstand 15, 20.
Findelkind 15, 20.
Firmelung 12.
Frau als Fürsorger 44.
Freimarken 44, 45.
Fürsorge 44, 45.
Fürsorgeerziehung 38, 39.

Gebrechen 15, 26, 28.
Geburt 20.
Geburtstag 31, 33.
Gefängnisstrafe 19.
Gefährdung des Mündelvermögens 17.
Gegenvormund 15.
Gegenvormundschaft 15, 18.
Geisteskrankheit 26.
Geistliche 12, 13, 18.
Gemeindbeamt 9.
Gemeindemitglied 9.
Gemeinderat 11.
Gemeinderechte 9.
Gemeindestatut 9.
Gemeindeverfassung 9.
Geschäftsführung 44, 45.
Geschäftskenntnis 21.
Geschäftsverkehr 21.
Geschäftsunfähig 26.
Geschwister 28, 30.
Gewalthaber 15.
Großvater 23.
Gutsvorstand 9.

Heiratsregister 19.
Hilfsorgan 8, 9.

Instanz 10.

Kindesstatt 19.
Kirchliche Oberbehörden 12.
Körperliche Gebrechen 15.
Körperliche Pflege 17
Konfirmation 12.
Konkurs 24, 26.
Kontrolle 35.
Kommunalabgaben 10.
Kommunalverband 43.
Krankheit 28.
Kreis 10.
Kreisabgaben 10.
Kreisausschuß 10.
Kreiseingesessenen 10.
Kuppelei 41, 43.

Landrat 43.
Landeshauptmann 43.
Landstreicher 27.
Lebensjahr 18, 28.
Lebenswandel 27.
Lehre 32.
Lehrer 12, 13.
Leibesfrucht 16.
Leichtsinn 34.
Liederlichkeit 34.
Letztwillige Verfügung 15, 24.
Leumund 43.

Magistrat 13.
Minderjähriger 16, 20, 26.
Minister 11.
Mitbürger 8.
Mitglied 15, 21
Mündel 23, 34.
Mündeltage 12.

Mütterlicher Seite 23.
Mutter 18, 19.

Nichtigkeit 19.

Öffentliche Sammlung 16.
Ordnungsstrafen 34.
Ortspolizei 30.
Oberverwaltungsgericht 10.

Pfleger 15, 16, 20.
Pflegschaft 15, 16.
Pflicht zur Anzeige 17.
Pflichtwidrigkeit 17, 37.
Porto 44, 45.
Preußen 9, 25.

Quittung 46.

Rechtsmittel 10.
Rechtsmittelzug 10.
Regierungspräsident 10.
Reichsangehörigkeit 25.
Religiöses Bekenntnis 21.
Religionsdiener 24, 27.

Sammlung 16.
Schädliche Arbeiten 41.
Schreibwerk 44, 45.
Schreibgerät 44, 45.
Schule 13, 40.
Schuldeputation 13.
Seelsorgeramt 12.
Sicherheitsleistung 28.
Sittlichkeitsvergehen 27.
Staatsamt 27.
Staatsangehörigkeit 25.
Stadt 34.
Stadtverordnete 9.
Standesbeamter 20.
Strafbare Handlung 41.
Strafverfügung 10.
Stumm 15.

Tätigkeit des Waisenrats 15 ff.
Taub 15.
Tauglichkeit 24.
Tod 20, 21, 32.
Todeserklärung 16.
Tot 18, 32.
Trunkenbold 27

Unehelich 19.
Unfähigkeitsgründe 24, 25.
Unredlichkeit 38.
Unsittliches Verhalten 38.
Unterhalt 34.
Untauglich 27.
Untauglichkeitsgründe 24, 25.
Unwürdig 9.
Unzucht 45.
Urteil 15, 16.

Vater 23.
Väterlicher Seite 23.
Veränderung des Aufenthaltsorts 13.
Verlegung des Wohnsitzes 34.
Vermieten 32.
Vermögenslage 21.
Vermögensverfall 38.
Vermögensverwaltung 21, 37.
Vermögensverzeichnis 20.
Verpflichtung durch Handschlag an Eidesstatt 11.
Verpflichtungstermin 29.
Verrohung 35, 36.
Verschollen 16.
Verschwägerte 21, 25.
Verwahrlosung 44.
Verwaltung 37.
Verwandte 21.
Verwilderung 36.
Verzeichnis 31, 35, 39.
Volljähriger 15, 18.
Volksklassen 13.
Vorläufige Vormundschaft 15.
Vorleben 25.
Vormund 15 ff.
Vormundschaftsgericht 8, 20, 32 ff.
Vormundschaftsrecht 8.
Vorsitz 14.

Waisenpflegerinnen 36.
Witwe 20.
Wohnsitz 28.

Zentralwaisenrat 14.
Zuchthaus 19.

Druck von A. W. Hayn's Erben (Curt Gerber), Potsdam.

Kolibri 360 GmbH
Ferdinand-Jühlke-Straße 7
99095 Erfurt, Deutschland
produktsicherheit@kolibri360.de